国有企业管理人员从业提醒

本书编写组 ◎ 编著

人民日报出版社
北京

图书在版编目（CIP）数据

国有企业管理人员从业提醒 /《国有企业管理人员从业提醒》编写组编著. -- 北京：人民日报出版社，2025.8. -- ISBN 978-7-5115-8856-2

Ⅰ. D922.112.4

中国国家版本馆CIP数据核字第20257TR504号

书　　名：国有企业管理人员从业提醒
　　　　　GUOYOU QIYE GUANLI RENYUAN CONGYE TIXING
作　　者：《国有企业管理人员从业提醒》编写组

责任编辑：孙　祺
封面设计：金　刚

出版发行：人民日报出版社
社　　址：北京金台西路2号
邮政编码：100733
发行热线：（010）65369509　65369512　65363531　65363528
邮购热线：（010）65369530　65363527
编辑热线：（010）65369518
网　　址：www.peopledailypress.com
经　　销：新华书店
印　　刷：大厂回族自治县彩虹印刷有限公司
法律顾问：北京科宇律师事务所　（010）83622312

开　　本：710mm×1000mm　1/16
字　　数：180千字
印　　张：16.25
版　　次：2025年8月第1版
印　　次：2025年8月第1次印刷

书　　号：ISBN 978-7-5115-8856-2
定　　价：48.00元

如有印装质量问题，请与本社调换，电话：（010）65369463

出版说明

国有企业在加快构建新发展格局、着力推动高质量发展中肩负重要职责，在服务保障国家发展战略、防范化解重大经济金融风险中发挥重要作用。加强国有企业管理人员队伍建设，强化全面监督，对深入推进国有企业改革深化提升行动，推进国资国企治理体系和治理能力现代化至关重要。2024年5月21日，国务院印发《国有企业管理人员处分条例》，条例坚持问题导向，聚焦国有企业经营管理易发多发违纪违法问题，明确底线红线，推进标本兼治、系统治理，从法规层面对国有企业管理人员的处分事宜统一规范，为打造忠诚干净担当的国有企业管理人员队伍，推动国有企业高质量发展提供有力的法治保障。

为帮助各级各类国有企业管理人员更加全面、准确地理解和掌握条例内容，以及与条例条款相关的纪法规定，持续强化纪律意识、规矩意识，远离从业风险，我们组织编写了《国有企业管理人员从业提醒》一书。本书结合《国有企业管理人员处分条例》《中华人民共和国公职人员政务处分法》

《中国共产党纪律处分条例》《中华人民共和国刑法》等党规党纪和法律法规，从政治要求、组织程序、廉洁要求、薪酬管理制度、工作要求等方面，对国有企业管理人员从业过程中可能发生的违法行为的有关规定进行系统梳理，并明确相应的处分，逐条给出提醒。同时，对从事或者参与营利性活动方面、服务对象合法权益或者社会公共利益方面进行了专门阐述与提醒。此外，为了帮助国有企业管理人员夯实知识基础，我们还对条例中关于处分工作的原则、适用对象和范围、处分的种类和适用等内容进行了简要梳理。

本书有助于促进国有企业管理人员依法履职、廉洁从业，在纪法教育中把《国有企业管理人员处分条例》要求内化为日用而不觉的言行准则。

目 录

/ 一 /
政治要求方面

1. 不得散布有损坚持和完善社会主义基本经济制度的言论 ……… 003
2. 必须坚决执行国有企业改革发展和党的建设有关决策部署 …… 006
3. 不得在对外工作中损害国家安全和国家利益 ………………… 009
4. 不得公开发表违背宪法和党的基本路线的言论 ……………… 012

/ 二 /
组织程序方面

1. 不得违反规定的决策程序、职责权限决定重大事项 …………… 017
2. 不得故意规避、干涉、破坏集体决策 …………………………… 021
3. 不得拒不执行或者擅自改变集体作出的重大决定 ……………… 024

4. 必须执行有关部门依法作出的决定 ································· *028*

/ 三 /

廉洁要求方面

1. 切勿非法占有、挪用企业财物、客户资产等 ················· *033*

2. 切勿利用职务上的便利索贿、受贿 ···························· *036*

3. 切勿为谋取不正当利益行贿 ······································ *039*

4. 不得在重大事项以及工程建设等活动中谋取私利 ········· *042*

5. 不得纵容、默许特定关系人利用本人职权或者职务上的
   影响谋取私利 ·· *045*

6. 不得违规将国有资产集体私分给个人 ························· *048*

7. 必须坚决纠正特定关系人违规任职、兼职等行为 ········· *051*

8. 离岗离职后不得违规从业 ·· *053*

9. 务必正确行使经营管理权 ·· *057*

/ 四 /

薪酬管理制度方面

1. 严禁违规发放津贴、补贴、奖金 ······························· *063*

2. 必须实行工资总额预算管理 ·········· 066

3. 严禁违规自定薪酬等收入 ·········· 069

4. 不得在培训活动方面超过规定的标准、范围 ·········· 072

5. 不得在办公用房方面超过规定的标准、范围 ·········· 075

6. 不得在公务用车方面超过规定的标准、范围 ·········· 079

7. 不得在业务招待方面超过规定的标准、范围 ·········· 083

8. 不得在差旅费用方面超过规定的标准、范围 ·········· 087

9. 严禁公款旅游或者变相公款旅游 ·········· 090

/ 五 /

从事或者参与营利性活动方面

1. 不得违规经商办企业 ·········· 095

2. 不得从事有偿中介活动 ·········· 098

3. 不得为他人经营与所任职企业同类经营的企业 ·········· 100

4. 不得违反规定兼任职务 ·········· 103

5. 严禁利用企业内幕信息等谋取私利 ·········· 106

/ 六 /

服务对象合法权益或者社会公共利益方面

不得侵犯服务对象合法权益或者社会公共利益 …… *111*

/ 七 /

工作要求方面

1. 严禁截留、占用、挪用或者拖欠应当上缴国库的预算收入 …… *117*
2. 严禁不履行或者不正确履行经营投资职责 …… *120*
3. 不得开展融资性贸易、虚假交易、虚假合资、挂靠经营等活动 …… *127*
4. 必须按时、如实办理企业国有资产产权登记 …… *130*
5. 按绩效评价要求提供信息资料，不得编制虚假数据信息 …… *133*
6. 不得与中介机构串通作假、掩饰企业真实状况 …… *136*
7. 不得洗钱或者参与洗钱 …… *140*
8. 不得非法吸收公众存款或者变相吸收公众存款 …… *143*
9. 不得违规参与或者变相参与民间借贷 …… *147*
10. 不得违规发放贷款 …… *150*
11. 不得违规对贷款本金减免、停息、减息、缓息、免息等 …… *152*

目 录

12. 不得违规进行呆账核销 ………………………………… *154*

13. 不得违规处置不良资产 ………………………………… *157*

14. 不得违规出具金融票证、提供担保 …………………… *159*

15. 不得违背受托义务，擅自运用客户资金或委托、信托资产等 … *163*

16. 不得伪造、变造货币、贵金属等 ……………………… *166*

17. 不得伪造、变造、转让、出租、出借金融机构经营许可证等 … *170*

18. 不得编造并且传播影响证券、期货交易的虚假信息等 ……… *173*

19. 不得窃取、收买或者非法提供公民个人信息资料 ……… *176*

20. 不得泄露企业内幕信息或者商业秘密 ………………… *180*

21. 不得伪造、变造、转让、出租、出借行政许可证件等 ……… *184*

22. 不得违规举借或者变相举借地方政府债务 …………… *187*

23. 警惕在国境外违规造成重大工程质量问题等 ………… *190*

24. 必须依法履行安全生产管理职责 ……………………… *193*

25. 不得搞形式主义、官僚主义 …………………………… *198*

26. 不得拒绝、阻挠、拖延依法开展的监督工作 ………… *201*

27. 必须履行信息披露义务 ………………………………… *204*

28. 不得侵犯劳动者合法权益 ……………………………… *208*

29. 不得违规拒绝或者迟付中小企业款项、农民工工资等 …… *211*

30. 不得滥用职权、损害国有资产权益 …………………… *215*

31. 依法履职，切勿造成企业国有资产损失 ················ *218*

/ 八 /

相关基础知识

1. 国有企业管理人员的定义 ································ *223*

2. 国有企业管理人员任免机关、单位 ···················· *224*

3. 国有企业管理人员处分工作的原则 ···················· *224*

4. 国有企业管理人员处分的基本要求 ···················· *225*

5. 国有企业管理人员处分的种类 ·························· *226*

6. 国有企业管理人员处分的期间 ·························· *226*

7. 国有企业管理人员合并处分规则 ······················· *227*

8. 对国有企业管理人员集体作出的决定违法的处理 ········ *227*

9. 国有企业管理人员共同违法处分规则 ················· *228*

10. 可以从轻或者减轻给予处分的规定 ·················· *229*

11. 从轻给予处分、减轻给予处分的定义 ··············· *229*

12. 可以免予处分的情形 ···································· *230*

13. 应当从重给予处分的规定 ······························ *230*

14. 从重给予处分的定义 ···································· *231*

15. 国有企业管理人员受处分的法律后果 ·················· *231*

16. 对违法取得的财物和利益的处理 ····················· *232*

17. 对已退休并在退休前（后）有违法行为的处理 ········· *233*

18. 对涉嫌违法的国有企业管理人员进行调查、处理的程序 ······ *233*

19. 国有企业领导人员应当任职回避的情形 ················ *235*

20. 监事会的职权 ···································· *235*

21. 董事会的职权 ···································· *236*

22. 国有资产监督管理机构的主要职责 ···················· *237*

23. 国有资产监督管理机构的任免权 ······················ *238*

24. "三重一大"事项的主要范围 ························ *238*

25. "三重一大"事项决策的基本程序 ···················· *240*

26. 国有企业工资内外收入的监督主体 ···················· *242*

27. 国有企业负责人薪酬分配监督管理事项 ················ *243*

28. 国有企业职工工资福利待遇监督管理事项 ·············· *243*

29. 对国有企业工资内外收入违规问题的处理措施 ·········· *244*

一

政治要求方面

1

不得散布有损坚持和完善社会主义基本经济制度的言论

《国有企业管理人员处分条例》（中华人民共和国国务院令第781号，自2024年9月1日起施行）第十七条第一款第（一）项规定，国有企业管理人员有"散布有损坚持和完善社会主义基本经济制度的言论"的，依据《中华人民共和国公职人员政务处分法》第二十八条的规定，予以记过或者记大过；情节较重的，予以降级或者撤职；情节严重的，予以开除。

《中华人民共和国民法典》（2020年5月28日第十三届全国人民代表大会第三次会议通过）第二百零六条规定，国家坚持和完善公有制为主体、多种所有制经济共同发展，按劳分配为主体、多种分配方式并存，社会主义市场经济体制等社会主义基本经济制度。国家巩固和发展公有制经济，鼓

国有企业管理人员从业提醒

励、支持和引导非公有制经济的发展。国家实行社会主义市场经济，保障一切市场主体的平等法律地位和发展权利。

从业提醒

公有制为主体、多种所有制经济共同发展，按劳分配为主体、多种分配方式并存，社会主义市场经济体制等社会主义基本经济制度，既体现了社会主义制度优越性，又同我国社会主义初级阶段社会生产力发展水平相适应，是党和人民的伟大创造。《中共中央关于进一步全面深化改革 推进中国式现代化的决定》指出，坚持和完善社会主义基本经济制度，推进高水平科技自立自强，推进高水平对外开放，建成现代化经济体系，加快构建新发展格局，推动高质量发展。国有企业作为国有经济的核心载体，是中国特色社会主义的重要物质基础和政治基础，是我们党执政兴国的重要支柱和依靠力量，是党领导人民实现共同富裕的重要依靠力量，要推动国有资本和国有企业做强做优做大，增强国有经济竞争力、创新力、控制力、影响力、抗风险能力，打造一批具有全球竞争力的世界一流企业。

在推动高质量发展和促进共同富裕进程中，国有企业不仅要做好主力军、示范者和排头兵，还要当好"顶梁柱""压舱石"和"稳定器",为经济社会的稳定和发展提供坚实的支撑。国有企业管理人员作为企业的管理者,掌握着国有资产的经营管理权,应当自觉维护社会主义基本经济制度,不得散布有损坚持和完善社会主义基本经济制度的言论,否则,将按照规定予以处分。

2 必须坚决执行国有企业改革发展和党的建设有关决策部署

《国有企业管理人员处分条例》第十七条第一款第（二）项规定，国有企业管理人员有"拒不执行或者变相不执行国有企业改革发展和党的建设有关决策部署"的，依据《中华人民共和国公职人员政务处分法》第二十八条的规定，予以记过或者记大过；情节较重的，予以降级或者撤职；情节严重的，予以开除。

《中华人民共和国公职人员政务处分法》（2020年6月20日第十三届全国人民代表大会常务委员会第十九次会议通过）第二十八条第一款第（三）项规定，公职人员有"拒不执行或者变相不执行中国共产党和国家的路线方针政策、重大决策部署"行为的，予以记过或者记大过；情节较重的，予以降级或者撤职；情节严重的，予以开除。

《中国共产党纪律处分条例》（2023年12月19日中共中央发布）第五十六条第二款规定，贯彻党中央决策部署只表态不落实，或者落实党中央决策部署不坚决，打折扣、搞变通，在政治上造成不良影响或者严重后果的，给予警告或者严重警告处分；情节严重的，给予撤销党内职务、留党察看或者开除党籍处分。

从业提醒

2016年10月10日，习近平总书记出席全国国有企业党的建设工作会议并发表重要讲话，站在时代和全局高度，深刻回答了国有企业要不要加强党的建设、怎样加强党的建设等一系列重大理论和实践问题，系统宣示了新时代我们党领导国有企业的重大主张，深刻揭示了搞好国有企业的科学规律，为加强国有企业党的建设提供了强大思想武器和科学行动纲领。坚持党的领导、加强党的建设，是我国国有企业的光荣传统，是国有企业的"根"和"魂"，是我国国有企业的独特优势。

坚持国有企业党的领导，要坚决澄清讲国有企业只讲经济属性、忽视政治和社会属性的模糊认识，坚决摒弃认为国有企业只要赚钱就行、少讲党的领导的错误观点，坚决纠正忽视党的建设优势、丢掉国有企业重视党的领导和党的建设光荣传统的错误做法。加强党的建设是提升国有企业党组织领导力、增强国有企业内部凝聚力、激发国有企业活力和创造力、推动国有企业做强做优做大的重要法宝。国有企业要坚持党对国有企业的领导不动摇，发挥企业党组织的领导核心和政治核心作用，保证党和国家方针政策、重大部署在国有企业贯彻执行。国有企业管理人员必须把执行国有企业改革发展和党的建设有关决策部署作为首要任务，确保党和国家意志在国有企业得到全面落实。

3

不得在对外工作中损害
国家安全和国家利益

《国有企业管理人员处分条例》第十七条第一款第（三）项规定，国有企业管理人员"在对外经济合作、对外援助、对外交流等工作中损害国家安全和国家利益"的，依据《中华人民共和国公职人员政务处分法》第二十八条的规定，予以记过或者记大过；情节较重的，予以降级或者撤职；情节严重的，予以开除。

《中华人民共和国公职人员政务处分法》第二十八条第一款第（七）项规定，"在对外交往中损害国家荣誉和利益的"，予以记过或者记大过；情节较重的，予以降级或者撤职；情节严重的，予以开除。

《中华人民共和国宪法》（2018年3月11日第十三届全国人民代表大会第一次会议通过的《中华人民共和国宪法修

正案》修正）第五十四条规定，中华人民共和国公民有维护祖国的安全、荣誉和利益的义务，不得有危害祖国的安全、荣誉和利益的行为。

《中国共产党纪律处分条例》第七十三条规定，在涉外活动中，其言行在政治上造成恶劣影响，损害党和国家尊严、利益的，给予撤销党内职务或者留党察看处分；情节严重的，给予开除党籍处分。

从业提醒

党的二十大报告指出："国家安全是民族复兴的根基，社会稳定是国家强盛的前提。必须坚定不移贯彻总体国家安全观，把维护国家安全贯穿党和国家工作各方面全过程，确保国家安全和社会稳定。"国家安全，人人有责。维护祖国的安全、荣誉和利益是每一个公民的法定义务，国有企业管理人员在这方面必须起模范带头作用。推进中国式现代化，面临的形势更加严峻复杂、任务更加艰巨繁重。国有企业大多处于关系国家安全、国民经济命脉的重要行业和领域，是促进我国经济社会持续健康发展的重要支撑，也是维护国家战略安全的重要力量。国有企业要坚持统筹发展和安全，筑牢"防"的底线、提升"稳"的能力。国有企业管理人员应

一　政治要求方面

在对外经济合作、对外援助、对外交流等工作中，始终以维护国家安全和国家利益为最高原则，切实履行政治责任、经济责任和社会责任，坚决抵制任何损害国家安全和国家利益的行为。

4 不得公开发表违背宪法和党的基本路线的言论

《国有企业管理人员处分条例》第十七条第二款规定，"公开发表反对宪法确立的国家指导思想，反对中国共产党领导，反对社会主义制度，反对改革开放的文章、演说、宣言、声明等的，予以开除"。

《中国共产党章程》（中国共产党第二十次全国代表大会部分修改，2022年10月22日通过）总纲规定，坚持社会主义道路、坚持人民民主专政、坚持中国共产党的领导、坚持马克思列宁主义毛泽东思想这四项基本原则，是我们的立国之本。

《中国共产党纪律处分条例》第五十条第一款规定，通过网络、广播、电视、报刊、传单、书籍等，或者利用讲座、论坛、报告会、座谈会等方式，公开发表坚持资产阶级自由化立场、反对四项基本原则,反对党的改革开放决策的文章、演说、宣言、声明等的,给予开除党籍处分。

《**中华人民共和国公职人员政务处分法**》第二十八条第三款规定,公开发表反对宪法确立的国家指导思想,反对中国共产党领导,反对社会主义制度,反对改革开放的文章、演说、宣言、声明等的,予以开除。

从业提醒

习近平总书记在第十八届中央纪律检查委员会第二次全体会议上指出:"有的党员干部想说什么说什么,想干什么干什么。有的还专门挑那些党已经明确规定的政治原则来说事,口无遮拦,毫无顾忌,以显示自己所谓的'能耐',受到敌对势力追捧,对此他们不以为耻、反以为荣。这些问题在党内和社会上造成恶劣影响,给党的事业造成严重损害。党内决不允许有不受党纪国法约束、甚至凌驾于党章和党组织之上的特殊党员。"国有企业管理人员要坚决执行党的路线方针政策,在涉及党和国家指导思想、基本制度、根本原则等重大问题上立场坚定、旗帜鲜明。

通过网络、广播、电视、报刊、传单、书籍等,或者利用讲座、论坛、报告会、座谈会等方式公开发表反对宪法确立的国家指导思想，反对中国共产党领导，反对社会主义制度，反对改革开放的文章、演说、宣言、声明等行为，会严重危害国家安全、破坏社会稳定、动摇党的执政根基。对于有这类行为的国有企业管理人员，应当予以开除。适用本款规定，需要把握"公开发表""反对"等违法要件，做到定性准确、处理恰当。

二

组织程序方面

1
不得违反规定的决策程序、职责权限决定重大事项

《国有企业管理人员处分条例》第十八条第（一）项规定，国有企业管理人员有"违反规定的决策程序、职责权限决定国有企业重大决策事项、重要人事任免事项、重大项目安排事项、大额度资金运作事项"的，依据《中华人民共和国公职人员政务处分法》第三十条的规定，予以警告、记过或者记大过；情节严重的，予以降级或者撤职。

《中华人民共和国公职人员政务处分法》第三十条第（一）项规定，公职人员有"违反民主集中制原则，个人或者少数人决定重大事项，或者拒不执行、擅自改变集体作出的重大决定的"，予以警告、记过或者记大过；情节严重的，予以降级或者撤职。

《中华人民共和国企业国有资产法》（2008年10月28

日第十一届全国人民代表大会常务委员会第五次会议通过）第二十六条规定，国家出资企业的董事、监事、高级管理人员，应当遵守法律、行政法规以及企业章程，对企业负有忠实义务和勤勉义务，不得利用职权收受贿赂或者取得其他非法收入和不当利益，不得侵占、挪用企业资产，不得超越职权或者违反程序决定企业重大事项，不得有其他侵害国有资产出资人权益的行为。第七十一条第一款第（六）项规定，国家出资企业的董事、监事、高级管理人员有"违反法律、行政法规和企业章程规定的决策程序，决定企业重大事项的"，造成国有资产损失的，依法承担赔偿责任；属于国家工作人员的，并依法给予处分。

《中国共产党纪律处分条例》第七十七条第（二）项规定，违反民主集中制原则，有"违反议事规则，个人或者少数人决定重大问题"的，给予警告或者严重警告处分；情节严重的，给予撤销党内职务或者留党察看处分。

从业提醒

重大决策事项，是指依照《中华人民共和国公司法》《中华人民共和国全民所有制工业企业法》《中华人民共和国企业国有资产法》《中华人民共和国商业银行法》《中华人民共和国证券法》《中华人民共和国保险法》以及其他有关法律法规和党内法规规定的应当由股东大会（股东会）、董事会、未设董事会的经理班子、职工代表大会和党委（党组）决定的事项。主要包括企业贯彻执行党和国家的路线方针政策、法律法规和上级重要决定的重大措施，企业发展战略、破产、改制、兼并重组、资产调整、产权转让、对外投资、利益调配、机构调整等方面的重大决策，企业党的建设和安全稳定的重大决策，以及其他重大决策事项。

重要人事任免事项，是指企业直接管理的领导人员以及其他经营管理人员的职务调整事项。主要包括企业中层以上经营管理人员和下属企业、单位领导班子成员的任免、聘用、解除聘用和后备人选的确定，向控股和参股企业委派股东代表，推荐董事会、监事会成员和经理、财务负责人，以及其他重要人事任免事项。

重大项目安排事项，是指对企业资产规模、资本结构、盈利能力以及生产装备、技术状况等产生重要影响的项目的设立和安排。主要包括年度投资计划，融资、担保项目，期权、期货等金融衍生业务，重要设备和技术引进，采购大宗物资和购买服务，重大工程建设项目，以及其他重大项目安排事项。

大额度资金运作事项，是指超过由企业或者履行国有资产出资人职责的机构所规定的企业领导人员有权调动、使用的资金限额的资金调动和使用。主要包括年度预算内大额度资金调动和使用，超预算的资金调动和使用，对外大额捐赠、赞助，以及其他大额度资金运作事项。

"三重一大"事项决策有基本程序规定。"三重一大"事项提交会议集体决策前应当认真调查研究，经过必要的研究论证程序，充分吸收各方面意见。重大投资和工程建设项目，应当事先充分听取有关专家的意见。重要人事任免，应当事先征求国有企业和履行国有资产出资人职责机构的纪检监察机构的意见。研究决定企业改制以及经营管理方面的重大问题、涉及职工切身利益的重大事项、制定重要的规章制度，应当听取企业工会的意见，并通过职工代表大会或者其他形式听取职工群众的意见和建议。决策事项应当提前告知所有参与决策人员，并为所有参与决策人员提供相关材料。必要时，可事先听取反馈意见。

国有企业管理人员要廉洁从业，规范决策行为，提高决策水平，防范决策风险，保证国有企业科学发展，严格执行中央关于凡属"三重一大"事项必须由领导班子集体作出决定的要求。

二 组织程序方面

2
不得故意规避、干涉、破坏集体决策

《国有企业管理人员处分条例》第十八条第（二）项规定，国有企业管理人员有"故意规避、干涉、破坏集体决策，个人或者少数人决定国有企业重大决策事项、重要人事任免事项、重大项目安排事项、大额度资金运作事项"的，依据《中华人民共和国公职人员政务处分法》第三十条的规定，予以警告、记过或者记大过；情节严重的，予以降级或者撤职。

《中华人民共和国公职人员政务处分法》第三十条第（一）项规定，公职人员有"违反民主集中制原则，个人或者少数人决定重大事项"的，予以警告、记过或者记大过；情节严重的，予以降级或者撤职。

《中国共产党纪律处分条例》第七十七条第（三）、（四）项规定，违反民主集中制原则，有"故意规避集体决策，决定重大事项、重要干部任免、重要项目安排和大额资金使用""借集体决策名义集体违规"行为的,给予警告或者严重警告处分;情节严重的,给予撤销党内职务或者留党察看处分。

从业提醒

党的二十大报告强调:"坚持科学执政、民主执政、依法执政,贯彻民主集中制,创新和改进领导方式,提高党把方向、谋大局、定政策、促改革能力,调动各方面积极性。"宪法规定,中华人民共和国的国家机构实行民主集中制的原则。中共中央办公厅、国务院办公厅2010年6月5日印发的《关于进一步推进国有企业贯彻落实"三重一大"决策制度的意见》明确指出,"三重一大"事项坚持集体决策原则。国有企业应当健全议事规则,明确"三重一大"事项的决策规则和程序,完善群众参与、专家咨询和集体决策相结合的决策机制。

国有企业党委(党组)、董事会、未设董事会的经理班子等决策机构要依据各自的职责、权限和议事规则,集体讨论决定"三重一大"事项,防止个人或少数人专断。要坚持务实高效,保证决策的科学性;充分发扬民主,广泛听取意见，保证决策的民主性；遵守国家法律法规、党内法规和有关政策，保证决策合法合规。

国有企业管理人员在决策过程中应当坚持中国共产党的领导，坚持党管干部原则，确保决策的公正性和公平性。监察机关或者国有企业管理人员任免机关（单位）发现并查实国有企业管理人员故意规避、干涉、破坏集体决策，个人或者少数人决定国有企业"三重一大"事项的，应当依法对其予以处分。

3

不得拒不执行或者擅自改变集体作出的重大决定

《国有企业管理人员处分条例》第十八条第（三）项规定，国有企业管理人员有"拒不执行或者擅自改变国有企业党委（组）会、股东（大）会、董事会、职工代表大会等集体依法作出的重大决定"的，依据《中华人民共和国公职人员政务处分法》第三十条的规定，予以警告、记过或者记大过；情节严重的，予以降级或者撤职。

《中华人民共和国公职人员政务处分法》第三十条第（一）项规定，公职人员有"拒不执行、擅自改变集体作出的重大决定的"，予以警告、记过或者记大过；情节严重的，予以降级或者撤职。

《中国共产党章程》第三十三条第二款规定，国有企业党委（党组）发挥领导作用，把方向、管大局、保落实，依照规定讨论和决定企业重大事项。国有企业和集体企业中党的基层组织，围绕企业生产经营开展工作。保证监督党和国家的方针、政策在本企业的贯彻执行；支持股东会、董事会、监事会和经理（厂长）依法行使职权；全心全意依靠职工群众，支持职工代表大会开展工作；参与企业重大问题的决策；加强党组织的自身建设，领导思想政治工作、精神文明建设、统一战线工作和工会、共青团、妇女组织等群团组织。

《中国共产党纪律处分条例》第七十七条第（一）项规定，违反民主集中制原则，有"拒不执行或者擅自改变党组织作出的重大决定"行为的，给予警告或者严重警告处分；情节严重的，给予撤销党内职务或者留党察看处分。第七十九条规定，拒不执行党组织的分配、调动、交流等决定的，给予警告、严重警告或者撤销党内职务处分。在特殊时期或者紧急状况下，拒不执行党组织上述决定的，给予留党察看或者开除党籍处分。

《中国共产党组织处理规定（试行）》（2021年2月23日中共中央政治局常委会会议审议批准2021年3月19日中共中央办公厅发布）第七条第（九）项规定，领导干部在政治表现、履行职责、工作作风、遵守组织制度、道德品行等方面，有苗头性、倾向性或者轻微问题，以批评教育、责令检查、诫勉为主，存在"违反民主集中制原则，个人或者少数人决定重大问题，不执行或者擅自改变集体决定，不顾大局闹无原则纠纷、破坏团结，造成不良影响或者严重后果的"且问题严重的，应当受到组织处理。

从业提醒

依法执行、维护集体作出的重大决定，是公职人员的义务，更是国有企业管理人员的义务。国有企业党委（组）会、股东（大）会、董事会、职工代表大会等集体依法作出的重大决定，应当依法得到切实尊重和执行，任何国有企业管理人员不得拒不执行或者擅自改变。

国有企业重大经营管理事项必须经党委（党组）研究讨论后，再由董事会或者经理层作出决定。研究讨论的事项主要包括：（一）贯彻党中央决策部署和落实国家发展战略的重大举措；（二）企业发展战略、中长期发展规划，重要改革方案；（三）企业资产重组、产权转让、资本运作和大额投资中的原则性方向性问题；（四）企业组织架构设置和调整，重要规章制度的制定和修改；（五）涉及企业安全生产、维护稳定、职工权益、社会责任等方面的重大事项；（六）其他应当由党委（党组）研究讨论的重要事项。国有企业党委（党组）应当结合企业实际制定研究讨论的事项清单，厘清党委（党组）和董事会、监事会、经理层等其他治理主体的权责。具有人财物重大事项决策权且不设党委的独立法人企业的党支部（党总支），一般由党员负责人担任书记和委员，由党支部（党总支）对企业重大事项进行集体研究把关。如果对国有企业党委（组）会、股东（大）会、董事会、职工代表大会等集体作出的重大决定有异议，认为在科学性、可行性等方面有欠缺，在坚决执行的前提下，可以通过正当程序和渠道提出意见或者建议。

值得注意的是，拒不执行或者擅自改变集体决定的行为，不仅违规，而且违法。《中华人民共和国公职人员政务处分法》对此行为进行了处分规定，行为人主观上是故意拒不执行或者变相不执行，客观上是有能力执行而不执行，改变了集体作出的重大决定，必须予以严惩。

执行集体决定不仅是纪律要求，更是对中国特色社会主义现代企业制度的维护，国有企业管理人员必须坚决执行党委（组）会、股东（大）会、董事会、职工代表大会等集体依法作出的重大决定。任何个人意志凌驾于集体决策之上的行为，本质上都是权力观错位的表现，必须坚决防范和纠正。

4
必须执行有关部门依法作出的决定

《国有企业管理人员处分条例》第十八条第（四）项规定，国有企业管理人员有"拒不执行或者变相不执行、拖延执行履行出资人职责的机构、行业管理部门等有关部门依法作出的决定"的，依据《中华人民共和国公职人员政务处分法》第三十条的规定，予以警告、记过或者记大过；情节严重的，予以降级或者撤职。

《中华人民共和国公职人员政务处分法》第三十条第（二）项规定，公职人员有"拒不执行或者变相不执行、拖延执行上级依法作出的决定、命令的"，予以警告、记过或者记大过；情节严重的，予以降级或者撤职。

从业提醒

国有企业在遵守一般性法律法规的同时，还要遵守有关国有资产管理的法律法规，这是对国有企业特有的制度约束。国务院国有资产监督管理机构和地方人民政府按照国务院的规定设立的国有资产监督管理机构，根据本级人民政府的授权，代表本级人民政府对国家出资企业履行出资人职责。国务院和地方人民政府根据需要，可以授权其他部门、机构代表本级人民政府对国家出资企业履行出资人职责。履行出资人职责的机构代表本级人民政府对国家出资企业依法享有资产收益、参与重大决策和选择管理者等出资人权利。履行出资人职责的机构依照法律、行政法规的规定，制定或者参与制定国家出资企业的章程。履行出资人职责的机构对法律、行政法规和本级人民政府规定须经本级人民政府批准的履行出资人职责的重大事项，应当报请本级人民政府批准。

国有企业管理人员对履行出资人职责的机构、行业管理部门等有关部门依法作出的决定必须坚决执行，不得拒不执行或者变相不执行、拖延执行，否则监察机关或者国有企业管理人员任免机关、单位将依法对其给予处分。

三

廉洁要求方面

三 廉洁要求方面

1
切勿非法占有、挪用企业财物、客户资产等

《国有企业管理人员处分条例》第十九条第一款第（一）项规定，国有企业管理人员有"利用职务上的便利，侵吞、窃取、骗取或者以其他手段非法占有、挪用本企业以及关联企业的财物、客户资产等"的，依据《中华人民共和国公职人员政务处分法》第三十三条的规定，予以警告、记过或者记大过；情节较重的，予以降级或者撤职；情节严重的，予以开除。

《中华人民共和国公职人员政务处分法》第三十三条第一款第（一）项规定，公职人员有"贪污贿赂的"，予以警告、记过或者记大过；情节较重的，予以降级或者撤职；情节严重的，予以开除。

《中华人民共和国刑法》（2023年12月29日第十四届

国有企业管理人员从业提醒

全国人民代表大会常务委员会第七次会议通过的《中华人民共和国刑法修正案（十二）》修正）第二百七十一条规定，"公司、企业或者其他单位的工作人员，利用职务上的便利，将本单位财物非法占为己有，数额较大的，处三年以下有期徒刑或者拘役，并处罚金；数额巨大的，处三年以上十年以下有期徒刑，并处罚金；数额特别巨大的，处十年以上有期徒刑或者无期徒刑，并处罚金。国有公司、企业或者其他国有单位中从事公务的人员和国有公司、企业或者其他国有单位委派到非国有公司、企业以及其他单位从事公务的人员有前款行为的"，依照本法贪污罪的规定定罪处罚。第三百八十二条第一款、第二款规定，国家工作人员利用职务上的便利，侵吞、窃取、骗取或者以其他手段非法占有公共财物的，是贪污罪。受国家机关、国有公司、企业、事业单位、人民团体委托管理、经营国有财产的人员，利用职务上的便利，侵吞、窃取、骗取或者以其他手段非法占有国有财物的，以贪污论。

从业提醒

利用职务上的便利，将自己主管、管理、经手的公共财物非法占为己有的，属于侵吞；利用职务上的便利，用秘密获取的方法将自己主管、管理、经手的公共财物占为己有的，属于窃取；利用职务上的便利，使用欺骗的方法，非法占有公共财物的，属于骗取；除侵吞、窃取、骗取外，其他非法占有、挪用手段，如在公务活动中收受礼物拒不交公占为己有、挪用公款后有能力归还而不归还或者潜逃等，属于贪污的其他手段。

国有企业中的非国家工作人员，利用自己在职务上所具有的主管或者管理、经手本单位财物的方便条件，采取侵吞、盗窃、骗取等各种手段，侵占企业财产，同样要受到惩处。按照规定，党和国家工作人员利用职务便利占有单位财产的，为贪污；企业（公司）或其他单位中的非国家工作人员利用职务便利占有本单位财产的，为职务侵占。国有企业管理人员非法占有、挪用本企业以及关联企业的财物、客户资产等的，将按照情节给予处分，情节严重的，予以开除。

2
切勿利用职务上的便利索贿、受贿

《国有企业管理人员处分条例》第十九条第一款第（二）项规定，国有企业管理人员有"利用职务上的便利，索取他人财物或者非法收受他人财物，为他人谋取利益"的，依据《中华人民共和国公职人员政务处分法》第三十三条的规定，予以警告、记过或者记大过；情节较重的，予以降级或者撤职；情节严重的，予以开除。

《中华人民共和国公职人员政务处分法》第三十三条第一款第（一）项规定，公职人员有"贪污贿赂"的，予以警告、记过或者记大过；情节较重的，予以降级或者撤职；情节严重的，予以开除。

《中国共产党纪律处分条例》第二十八条规定，对违法犯罪的党员，应当按照规定给予党纪处分，做到适用纪律和适用法律有机融合，党纪政务等处分相匹配。第二十九条规定,党组织在纪律审查中发现党员有贪污贿赂、滥用职权、玩忽职守、权力寻租、利益输送、徇私舞弊、浪费国家资财等违反法律涉嫌犯罪行为的,应当给予撤销党内职务、留党察看或者开除党籍处分。

《中华人民共和国刑法》第三百八十五条规定,国家工作人员利用职务上的便利,索取他人财物的,或者非法收受他人财物,为他人谋取利益的,是受贿罪。国家工作人员在经济往来中,违反国家规定,收受各种名义的回扣、手续费,归个人所有的,以受贿论处。第三百八十八条规定,国家工作人员利用本人职权或者地位形成的便利条件,通过其他国家工作人员职务上的行为,为请托人谋取不正当利益,索取请托人财物或者收受请托人财物的,以受贿论处。

从业提醒

索贿是受贿犯罪的一种形式,即"利用职务上的便利,索取他人财物"。索贿是受贿人以公开或暗示的方法,主动向行贿人索取贿赂,有的甚至是公然以要挟的方式,迫使当事人行贿。鉴于索贿情况突出,主观恶性更严重,情节更恶劣,社会危害性相对于收受贿赂更为严重。受贿是行为人利用职务上的便利,索取他人财物,或者非法收受他人财物,为他人谋取利益的行为。收受贿赂,一般是行贿人以各种方式主动进行收买腐蚀受贿人,受贿人一般是被动接受他人财物或者是接受他人允诺给予的财物,进而为行贿人谋取利益。非法收受他人财物的,必须同时具备"为他人谋取利益"的条件,才能构成受贿罪。

"为他人谋取利益"包括三种情形:(1)收受他人财物时,承诺为他人谋取利益,在特定的环境里明示和默许都算承诺,即答应为他人"办事";(2)已经着手为他人谋取利益,但还没有谋取到利益,即"未办成事";(3)已经为他人谋取到了利益,即"办成事"。无论是"答应办事",或是"正在办事",还是"已经办成事",只要收受他人财物时承诺了为他人谋取利益,都可认定为受贿。至于为他人谋取的利益,可以是不正当利益,也可以是正当利益;可以是物质利益,也可以是非物质利益。利用职务上的便利,既包括受贿人本人职务上的便利,也包括受贿人利用本人职权或地位形成的便利条件斡旋其他国家工作人员。

国有企业管理人员索贿、受贿破坏市场公平竞争、扭曲资源配置、败坏社会风气,不仅严重违反党纪国法、侵蚀党的执政根基,更直接损害国有资产安全和人民群众利益。国有企业管理人员必须筑牢思想防线、严守纪律红线,切莫利用职务上的便利索贿、受贿。

3
切勿为谋取不正当利益行贿

《国有企业管理人员处分条例》第十九条第一款第（三）项规定，国有企业管理人员有"为谋取不正当利益，向国家机关、国家出资企业、事业单位、人民团体，或者向国家工作人员、企业或者其他单位的工作人员，外国公职人员、国际公共组织官员行贿"的，依据《中华人民共和国公职人员政务处分法》第三十三条的规定，予以警告、记过或者记大过；情节较重的，予以降级或者撤职；情节严重的，予以开除。

《中华人民共和国公职人员政务处分法》第三十三条第一款第（一）项规定，公职人员有"贪污贿赂"的，予以警告、记过或者记大过；情节较重的，予以降级或者撤职；情节严重的，予以开除。

《中华人民共和国刑法》第三百八十九条第一款、第二款规定，为谋取不正当利益，给予国家工作人员以财物的，是行贿罪。在经济往来中，违反国家规定，给予国家工作人员以财物，数额较大的，或者违反国家规定，给予国家工作人员以各种名义的回扣、手续费的，以行贿论处。

从业提醒

为谋取不正当利益，给予国家工作人员以财物的，是行贿罪。"为谋取不正当利益"是认定行贿行为的关键。"谋取不正当利益"可以概括为两大类，一类是行贿人谋取的利益违反法律、法规、规章或者政策规定，或者要求对方违反法律、法规、规章、政策、行业规范的规定提供帮助或者方便条件。另一类是发生在竞争性活动中的不公平利益，如在招标投标、政府采购等商业活动中，违背公平原则，给予相关人员财物以谋取竞争优势等。因被勒索给予国家工作人员以财物，没有获得不正当利益的，不是行贿。

对犯行贿罪的，处三年以下有期徒刑或者拘役，并处罚金；因行贿谋取不正当利益，情节严重的，或者使国家利益遭受重大损失的，处三年以上十年以下有期徒刑，并处罚金；情节特别严重的，或者使国家利益遭受特别重大损失的，处十年以上有期徒刑或者无期徒刑，并处罚金或者没收财产。行贿人在被追诉前主动交代行贿行为的，可以从轻或者减轻处罚。其中，犯罪较轻的，对调查突破、侦破重大案件起关键作用的，或者有重大立功表现的，可以减轻或者免除处罚。

4

不得在重大事项以及
工程建设等活动中谋取私利

《国有企业管理人员处分条例》第十九条第一款第（四）项规定，国有企业管理人员有"利用职权或者职务上的影响，违反规定在企业关系国有资产出资人权益的重大事项以及工程建设、资产处置、出版发行、招标投标等活动中为本人或者他人谋取私利"的，依据《中华人民共和国公职人员政务处分法》第三十三条的规定，予以警告、记过或者记大过；情节较重的，予以降级或者撤职；情节严重的，予以开除。

《中华人民共和国公职人员政务处分法》第三十三条第一款第（二）项规定，公职人员有"利用职权或者职务上的影响为本人或者他人谋取私利"的，予以警告、记过或者记大过；情节较重的，予以降级或者撤职；情节严重的，予以开除。

《国有企业领导人员廉洁从业若干规定》(2009年7月1日)第五条第(五)项规定,国有企业领导人员应当忠实履行职责。不得有利用职权谋取私利以及损害本企业利益的下列行为:"利用企业上市或者上市公司并购、重组、定向增发等过程中的内幕消息、商业秘密以及企业的知识产权、业务渠道等无形资产或者资源,为本人或者配偶、子女及其他特定关系人谋取利益。"

从业提醒

国有企业管理人员是党在经济领域的执政骨干,是治国理政复合型人才的重要来源。国有企业管理人员应当忠实履行职责,不得有利用职权或者职务上的影响谋取私利以及损害本企业利益的行为。国有企业管理人员如果丧失原则,以权谋私、损公肥私、见利忘义,会破坏社会的公平正义,损害国家和人民的利益。有的国有企业管理人员利用手中的工程建设、资产处置、物资采购等权力,捞取回扣、好处费,置企业利益和职工群众利益于不顾,利用手中的权力满足自己的私欲,造成国有资产的流失。

政治纪律和政治规矩是党的生命线、不可逾越的红线、必须坚守的底线,国有企业管理人员要把守政治纪律、讲政治规矩作为安身立命的"压舱石",只有这样才能带领国有企业行稳致远。国有企业管理人员利用职权或者职务上的影响,违反规定在企业关系国有资产出资人权益的重大事项以及工程建设、资产处置、出版发行、招标投标等活动中为本人或者他人谋取私利,监察机关或者国有企业管理人员任免机关、单位应当依法对其予以处分。

5

不得纵容、默许特定关系人利用本人职权或者职务上的影响谋取私利

《国有企业管理人员处分条例》第十九条第一款第（五）项规定，国有企业管理人员有"纵容、默许特定关系人利用本人职权或者职务上的影响，在企业关系国有资产出资人权益的重大事项以及企业经营管理活动中谋取私利"的，依据《中华人民共和国公职人员政务处分法》第三十三条的规定，予以警告、记过或者记大过；情节较重的，予以降级或者撤职；情节严重的，予以开除。

《中华人民共和国公职人员政务处分法》第三十三条第一款第（三）项规定，公职人员有"纵容、默许特定关系人利用本人职权或者职务上的影响谋取私利的"，予以警告、记过或者记大过；情节较重的，予以降级或者撤职；情节严重的，予以开除。

国有企业管理人员从业提醒

《中国共产党纪律处分条例》第九十六条规定，纵容、默许配偶、子女及其配偶等亲属、身边工作人员和其他特定关系人利用党员干部本人职权或者职务上的影响谋取私利，情节较轻的，给予警告或者严重警告处分；情节较重的，给予撤销党内职务或者留党察看处分；情节严重的，给予开除党籍处分。党员干部的配偶、子女及其配偶等亲属和其他特定关系人不实际工作而获取薪酬或者虽实际工作但领取明显超出同职级标准薪酬，党员干部知情未予纠正的，依照前款规定处理。

《国有企业领导人员廉洁从业若干规定》第八条第（三）项规定，国有企业领导人员应当加强作风建设，注重自身修养，增强社会责任意识，树立良好的公众形象。不得"默许、纵容配偶、子女和身边工作人员利用本人的职权和地位从事可能造成不良影响的活动"。

从业提醒

"纵容"，是指国有企业管理人员对其亲属、身边工作人员和其他特定关系人利用本人职权或者职务上的影响谋取私利的行为放任不管，不加制止，任其发展的行为。"默许"，是指国有企业管理人员已经了解到亲属、身边工作人员和其他特定关系人利用本人职权或者职务上的影响谋取私利，虽然没有明确表示同意，但是暗示许可的行为。"利用职权"，是指利用本人职务上主管、负责、承办某项公共事务的权力，也包括利用职务上有隶属、制约关系的其他人员的职权。"利用职务上的影响"，是指行为人与被其利用的人员之间在职务上虽然没有隶属、制约关系，但是行为人利用了本人职权或者地位产生的影响和一定的工作联系，如单位内不同部门的人员之间，上下级单位没有职务上隶属、制约关系的人员之间，有工作联系的不同单位的人员之间，等等。"特定关系人"，是指与国家工作人员有近亲属、情妇（夫）以及其他共同利益关系的人。国有企业管理人员对于亲属、身边工作人员和其他特定关系人利用本人职权或者职务上的影响谋取私利的行为，应当保持高度的警觉性和原则性，坚决不纵容、不默许此类行为的发生，以身作则，树立清正廉洁的形象，自觉维护党和人民的利益，确保权力在阳光下运行。

6
不得违规将国有资产集体私分给个人

《国有企业管理人员处分条例》第十九条第一款第（六）项规定，国有企业管理人员有"违反规定，以单位名义将国有资产集体私分给个人"的，依据《中华人民共和国公职人员政务处分法》第三十三条的规定，予以警告、记过或者记大过；情节较重的，予以降级或者撤职；情节严重的，予以开除。

《中华人民共和国公职人员政务处分法》第三十三条第一款第（一）项规定，公职人员有"贪污贿赂"的，予以警告、记过或者记大过；情节较重的，予以降级或者撤职；情节严重的，予以开除。

《中华人民共和国刑法》第三百九十六条规定，国家机关、国有公司、企业、事业单位、人民团体，违反国家规定，以单位名义将国有资产集体私分给个人，数额较大的，对其直接负责的主管人员和其他直接责任人员，处三年以下有期徒刑或者拘役，并处或者单处罚金；数额巨大的，处三年以上七年以下有期徒刑，并处罚金。司法机关、行政执法机关违反国家规定，将应当上缴国家的罚没财物，以单位名义集体私分给个人的，依照前款的规定处罚。

《违规发放津贴补贴行为处分规定》（2013 年 5 月 3 日监察部第 2 次部长办公会议审议通过，人力资源社会保障部、财政部、审计署审议通过）第六条规定，以发放津贴补贴的形式，变相将国有资产集体私分给个人的，给予记大过处分；情节较重的，给予降级或者撤职处分；情节严重的，给予开除处分。

从业提醒

"以单位名义"，是指由单位负责人决定或者单位领导人员集体研究决定，或由单位全体成员共同议定，并以单位名义组织实施；"集体私分给个人"，是指将国有资产擅自分给单位中的每一个成员或绝大多数成员，可能是平均分配，也可能是按照不同标准分配。对集体私分国有资产的行为，主要是追究对其直接负责的主管人员和其他直接责任人员的责任，不管他们是否分得财物，都应追究其责任。

　　现实生活中，仍有部分单位违反规定，巧立名目，以"奖金""补助""津贴"等形式套取公款，集体私分国有资产。这是侵犯国有资产、造成国有资产流失的违纪违法行为，数额较大还可能构成私分国有资产罪。私分国有资产罪是指国家机关、国有公司、企业、事业单位、人民团体，违反国家规定，以单位名义将国有资产集体私分给个人，数额较大的行为。私分国有资产行为严重破坏了国家对国有资产的管理和保护，侵蚀了社会主义社会的经济基础，背离了国家对国家工作人员的廉洁要求，国有企业管理人员要将落实国有资产保值增值责任内化为政治自觉，坚决禁止以单位名义将国有资产集体私分给个人。

7

必须坚决纠正特定关系人违规任职、兼职等行为

《国有企业管理人员处分条例》第十九条第二款规定，国有企业管理人员"拒不纠正特定关系人违反规定任职、兼职或者从事经营活动，且不服从职务调整的，予以撤职"。

《中华人民共和国公职人员政务处分法》第三十三条第二款规定，公职人员"拒不按照规定纠正特定关系人违规任职、兼职或者从事经营活动，且不服从职务调整的，予以撤职"。

《中国共产党纪律处分条例》第一百零七条规定，党员领导干部的配偶、子女及其配偶，违反有关规定在该党员领导干部管辖的地区和业务范围内从事可能影响其公正执行公务的经营活动，或者有其他违反经商办企业禁业规定行为的，该党员领导干部应当按照规定予以纠正；拒不纠正的，

其本人应当辞去现任职务或者由组织予以调整职务；不辞去现任职务或者不服从组织调整职务的，给予撤销党内职务处分。

从业提醒

《中华人民共和国公职人员政务处分法》对公职人员的配偶、子女等特定关系人的任职、兼职和从业行为提出了要求。《国有企业管理人员处分条例》对国有企业管理人员的配偶、子女等特定关系人的从业行为提出了限制。国有企业管理人员的配偶、子女及其配偶，违反有关规定在其管辖的地区和业务范围内从事可能影响其公正执行公务的经营活动，或者在其管辖的地区或业务范围内的外商独资企业、中外合资企业中担任由外方委派、聘任的高级职务或者违规任职、兼职取酬的，国有企业管理人员应当按照规定及时予以纠正。拒不纠正的，监察机关可以建议其任免机关、单位或者由其任免机关、单位直接决定调整其现任职务或要求其辞去现任职务。对不服从职务调整的，给予撤职处分。

三　廉洁要求方面

8
离岗离职后不得违规从业

《中国共产党纪律处分条例》第一百零五条规定，离职或者退（离）休后违反有关规定接受原任职务管辖的地区和业务范围内或者与原工作业务直接相关的企业和中介机构等单位的聘用，或者个人从事与原任职务管辖业务或者与原工作业务直接相关的营利活动，情节较轻的，给予警告或者严重警告处分；情节较重的，给予撤销党内职务处分；情节严重的，给予留党察看处分。党员领导干部离职或者退（离）休后违反有关规定担任上市公司、基金管理公司独立董事、独立监事等职务，情节较轻的，给予警告或者严重警告处分；情节较重的，给予撤销党内职务处分；情节严重的，给予留党察看处分。

《中华人民共和国公务员法》（根据2017年9月1日第十二届全国人民代表大会常务委员会第二十九次会议《关于

国有企业管理人员从业提醒

修改〈中华人民共和国法官法〉等八部法律的决定》修正2018年12月29日第十三届全国人民代表大会常务委员会第七次会议修订）第一百零七条第一款规定，公务员辞去公职或者退休的，原系领导成员的公务员在离职三年内，其他公务员在离职两年内，不得到与原工作业务直接相关的企业或者其他营利性组织任职，不得从事与原工作业务直接相关的营利性活动。

《国有企业领导人员廉洁从业若干规定》第六条第（七）项规定，国有企业领导人员不得有"离职或者退休后三年内，在与原任职企业有业务关系的私营企业、外资企业和中介机构担任职务、投资入股，或者在上述企业或者机构从事、代理与原任职企业经营业务相关的经营活动"的行为。

《关于进一步规范党政领导干部在企业兼职（任职）问题的意见》（中组发〔2013〕18号）指出，辞去公职或者退（离）休后三年内，不得到本人原任职务管辖的地区和业务范围内的企业兼职（任职），也不得从事与原任职务管辖业务相关的营利性活动。

从业提醒

党员、干部和公职人员特别是领导干部离职或者退（离）

休后，其原有的职权还会在一定范围、一定时期产生影响或者发挥作用。实践中，有些人利用原职务影响和所掌握的公共资源，谋取私利，有的甚至比较严重。国家工作人员离职或退（离）休后，由于其工作、业务关系和权力的余温，从事与原工作业务直接相关的经商办企业活动，破坏市场公平竞争秩序，其所得到的利益实际上是以权力、关系作为成本的。还有一种情况是"期权腐败"，即有的国家工作人员在职时利用职权或职务上的影响，在某个工程或特定事项上利用职权为相关利益方谋取好处，明确在退休后收受利益。如在国有资产转让、重大采购、工程承揽等重大项目上，通过指定交易方、量身定制等方式为相关利益方谋取利益，事后不当场收受钱财，而是约定在离职或退（离）休后再兑现。禁止离职或者退（离）休后违反有关规定从业，既确保市场经济环境下人力资源的合理流动，也有利于维护公平竞争的市场经济秩序，更有利于遏制"期权腐败"。

离职或者退（离）休后从业和从事营利活动的禁止范围有所不同。从业的禁止范围是原任职务管辖的地区和业务范围内或者与原工作业务直接相关的企业和中介机构等单位。从事营利活动的禁止范围是原任职务管辖业务或者与原工作业务直接相关的营利活动。这里规定的"企业"，包括国有企业、民营企业、外商投资企业等类型。依照有关规定，公

国有企业管理人员从业提醒

职人员和国有企事业单位领导人员等离职或者退（离）休后，在一定年限内不得在有关禁止范围内从业或者进行营利活动。国有企业管理人员按规定不得在离职或者退休后三年内到与原任职企业有业务关系的企业任职或从事相关经营活动。

9
务必正确行使经营管理权

《中华人民共和国刑法》第一百六十六条规定，国有公司、企业、事业单位的工作人员，利用职务便利，有下列情形之一，使国家利益遭受重大损失的，处三年以下有期徒刑或者拘役，并处或者单处罚金；致使国家利益遭受特别重大损失的，处三年以上七年以下有期徒刑，并处罚金：（一）将本单位的盈利业务交由自己的亲友进行经营的；（二）以明显高于市场的价格向自己的亲友经营管理的单位采购商品或者以明显低于市场的价格向自己的亲友经营管理的单位销售商品的；（三）向自己的亲友经营管理的单位采购不合格商品、服务的。

《国有企业领导人员廉洁从业若干规定》第六条第（一）至（五）项规定，国有企业领导人员应当正确行使经营管理权，防止可能侵害公共利益、企业利益行为的发生。不得有下列行为：本人的配偶、子女及其他特定关系人，在本企业的关联企业、与本企业有业务关系的企业投资入股；将国有资产委托、租赁、承包给配偶、子女及其他特定关系人经营；利用职权为配偶、子女及其他特定关系人从事营利性经营活动提供便利条件；利用职权相互为对方及其配偶、子女和其他特定关系人从事营利性经营活动提供便利条件；本人的配偶、子女及其他特定关系人投资或者经营的企业与本企业或者有出资关系的企业发生可能侵害公共利益、企业利益的经济业务往来。

从业提醒

国有企业管理人员的经营管理权行使，关乎国有资产安全与公共利益保障。国有企业管理人员要管好亲属和身边的人，不得利用其影响力违规经商办企。国有企业管理人员通常掌握许多从事经营活动的资源和便利，如人力资源、资金资产、物资设备、技术专利、商标品牌、客户渠道、经营场所等。这些资源，应全部用于本企业的经营和发展，为本企业及其职工谋利，这是国有企业管理人员的职责所在。如果国有企业管理人员利用所掌握的资源和优势，为配偶、子女及其他特定关系人经商办企业或者以承包、租赁、委托、合

三　廉洁要求方面

作、联营等方式在国有、集体单位经商办企业提供便利和优惠条件，将损害公共利益和企业利益，应当坚决纠正。

国有企业管理人员既是国有资产保值增值的责任人，也是企业党风廉政建设和反腐败工作的责任人，应当以国家和企业利益为重，正确行使经营管理权，在廉洁从业中起到表率作用。

四

薪酬管理制度方面

1
严禁违规发放津贴、补贴、奖金

《国有企业管理人员处分条例》第二十条第（一）项规定，国有企业管理人员"超提工资总额或者超发工资，或者在工资总额之外以津贴、补贴、奖金等其他形式设定和发放工资性收入"，依据《中华人民共和国公职人员政务处分法》第三十五条的规定，情节较重的，予以警告、记过或者记大过；情节严重的，予以降级或者撤职。

《中华人民共和国公职人员政务处分法》第三十五条第（一）项规定，公职人员有"违反规定设定、发放薪酬或者津贴、补贴、奖金的"，情节较重的，予以警告、记过或者记大过；情节严重的，予以降级或者撤职。

《违规发放津贴补贴行为处分规定》第四条规定，有下列行为之一的，给予警告处分；情节较重的，给予记过或者记大过处分；情节严重的，给予降级或者撤职处分：（一）违反规定自行新设项目或者继续发放已经明令取消的津贴补贴的;(二)超过规定标准、范围发放津贴补贴的;(三)违反中共中央组织部、人力资源社会保障部有关公务员奖励的规定,以各种名义向职工普遍发放各类奖金的;(四)在实施职务消费和福利待遇货币化改革并发放补贴后,继续开支相关职务消费和福利费用的;(五)违反规定发放加班费、值班费和未休年休假补贴的;(六)违反《中共中央纪委、中共中央组织部、监察部、财政部、人事部、审计署关于规范公务员津贴补贴问题的通知》(中纪发〔2006〕17号)等规定,擅自提高标准发放改革性补贴的;(七)超标准缴存住房公积金的;(八)以有价证券、支付凭证、商业预付卡、实物等形式发放津贴补贴的;(九)违反规定使用工会会费、福利费及其他专项经费发放津贴补贴的;(十)借重大活动筹备或者节日庆祝之机,变相向职工普遍发放现金、有价证券或者与活动无关的实物的;(十一)违反规定向关联单位(企业)转移好处,再由关联单位(企业)以各种名目给机关职工发放津贴补贴的;(十二)其他违反规定发放津贴补贴的。

《中国共产党纪律处分条例》第一百一十四条规定,违反有关规定自定薪酬或者滥发津贴、补贴、奖金、福利等,对直接责任者和领导责任者,情节较轻的,给予警告或者严重警告处分；情节较重的，给予撤销党内职务或者留党察看处分；情节严重的，给予开除党籍处分。

从业提醒

超提工资总额或者超发工资，或者违反有关规定发放津贴、补贴、奖金、福利等，是对国有资产的侵蚀。津贴补贴或者福利问题，涉及党政机关、事业单位、国有企业等各领域，关乎广大党员、干部切身利益。清理规范津贴、补贴、奖金、福利，是改革工资制度和规范收入分配秩序的一项重要措施，也是促进党风廉政建设、从源头预防和治理腐败的必然要求。近年来，违规发放津贴、补贴或福利问题得到有力纠正，但问题仍不容忽视。必须明令禁止那些没有政策依据的擅立名目发放、随意扩大发放范围、增加发放数额等违规发放津贴补贴行为。特别是要禁止那些以为职工谋福利为名，假公济私，中饱私囊，虚报、冒领、私分行为，坐收坐支、建"小金库"行为。有违规发放津贴补贴行为的单位，其负有责任的领导人员和直接责任人员，以及有违规发放津贴补贴行为的个人，应当承担纪律责任。对违规发放的津贴补贴，要责令整改，并清退收回。

国有企业管理人员从业提醒

2
必须实行工资总额预算管理

《**国有企业管理人员处分条例**》第二十条第（二）项规定，国有企业管理人员"未实行工资总额预算管理，或者未按规定履行工资总额备案或者核准程序"，依据《中华人民共和国公职人员政务处分法》第三十五条的规定，情节较重的，予以警告、记过或者记大过；情节严重的，予以降级或者撤职。

从业提醒

工资总额，是指由企业在一个会计年度内直接支付给与本企业建立劳动关系的全部职工的劳动报酬总额，包括工资、奖金、津贴、补贴、加班加点工资、特殊情况下支付的工资等。工资总额预算管理，是指企业每年度围绕发展战略，

四　薪酬管理制度方面

按照国家工资收入分配宏观政策要求，依据生产经营目标、经济效益情况和人力资源管理要求，对工资总额的确定、发放和职工工资水平的调整，作出预算安排，并且进行有效控制和监督。

改革开放以来，国家采用对国有大中型企业实行工资总额同经济效益挂钩办法，对促进国有企业提高经济效益、调动广大职工积极性发挥了重要作用。国有企业应按照国家工资收入分配宏观政策要求，根据企业发展战略和薪酬策略、年度生产经营目标和经济效益，综合考虑劳动生产率提高和人工成本投入产出率、职工工资水平市场对标等情况，结合政府职能部门发布的工资指导线，合理确定年度工资总额。

根据《国务院关于改革国有企业工资决定机制的意见》要求，国有企业全面实行工资总额预算管理。工资总额预算方案由国有企业自主编制，按规定履行内部决策程序后，根据企业功能性质定位、行业特点并结合法人治理结构完善程度，分别报履行出资人职责机构备案或核准后执行。对主业处于充分竞争行业和领域的商业类国有企业，工资总额预算原则上实行备案制。其中，未建立规范董事会、法人治理结构不完善、内控机制不健全的企业，经履行出资人职责机构认定，其工资总额预算应实行核准制。已建立规范董事会、法人治理结构完善、内控机制健全的企业，经履行出资人职责机构同意，其工资总额预算可实行备案制。对其他国有企业，工资总额预算原则上实行核准制。

值得注意的是，企业津贴补贴统一纳入工资总额管理并在应付职工薪酬中列支，不得以代金券或按人按标准报销等形式在工资总额外变相设置或发放。对于国有企业管理人员不实行工资总额预算管理或者没有按规定履行工资总额备案或者核准程序的，监察机关或者国有企业管理人员任免机关、单位应当依法对其予以处分。

3

严禁违规自定薪酬等收入

《国有企业管理人员处分条例》第二十条第（三）项规定，国有企业管理人员"违反规定，自定薪酬、奖励、津贴、补贴和其他福利性货币收入"，依据《中华人民共和国公职人员政务处分法》第三十五条的规定，情节较重的，予以警告、记过或者记大过；情节严重的，予以降级或者撤职。

《中华人民共和国公职人员政务处分法》第三十五条第（一）项规定，公职人员有"违反规定设定、发放薪酬或者津贴、补贴、奖金的"，情节较重的，予以警告、记过或者记大过；情节严重的，予以降级或者撤职。

《国有企业领导人员廉洁从业若干规定》第四条第（六）项规定，国有企业领导人员应当切实维护国家和出资人利益。不得有"未经履行国有资产出资人职责的机构和人事主管部门批准，决定本级领导人员的薪酬和住房补贴等福利待遇"等滥用职权、损害国有资产权益行为。

《中国共产党纪律处分条例》第一百一十四条规定，违反有关规定自定薪酬或者滥发津贴、补贴、奖金、福利等，对直接责任者和领导责任者，情节较轻的，给予警告或者严重警告处分；情节较重的，给予撤销党内职务或者留党察看处分；情节严重的，给予开除党籍处分。

从业提醒

规范薪酬、奖励、津贴、补贴的设定，是改革工资制度和规范收入分配秩序的一项重要措施，也是深入推进党风廉政建设和反腐败工作的必然要求。实践中，违规自定薪酬、奖励、津贴、补贴和其他福利性货币收入的行为，往往通过巧立名目的方式进行。例如，扩大范围发放，如以值班费、工作表彰为名发放普惠性质的补助或奖励；超出规定标准发放，如擅自提高标准发放改革性补贴，超标准缴存住房公积金等；违规自行新设项目发放，如以购房补助、项目奖励、股权激励等名义进行物质性奖励；借重大活动筹备或节日庆祝之机变相发放钱物，如向职工普遍发放过节费、慰问费、置装费等；违规使用资金发放，如以办公用品、会议费等名义虚列开支、套取费用滥发津补贴或福利。

四 薪酬管理制度方面

违规自定薪酬、奖励、津贴、补贴和其他福利性货币收入行为通常是由公司、单位集体决定，进行责任认定时，需要根据实际情况，明确负有责任的领导人员和直接责任人员，并给予相应处分，在决策过程中明确提出反对意见的人则不应当给予处分。国有企业要严格按照规定执行薪酬制度，按照规定设定薪酬、奖励、津贴、补贴和其他福利性货币收入，坚决杜绝违规自定收入的行为。

4

不得在培训活动方面
超过规定的标准、范围

《国有企业管理人员处分条例》第二十条第（四）项规定，国有企业管理人员在"培训活动"方面超过规定的标准、范围，依据《中华人民共和国公职人员政务处分法》第三十五条的规定，情节较重的，予以警告、记过或者记大过；情节严重的，予以降级或者撤职。

《中华人民共和国公职人员政务处分法》第三十五条第（二）项规定，公职人员有"违反规定，在公务接待、公务交通、会议活动、办公用房以及其他工作生活保障等方面超标准、超范围的"，情节较重的，予以处分；情节严重的，予以降级或者撤职。

《党政机关厉行节约反对浪费条例》（2025年5月2日中共中央批准　2025年5月2日中共中央、国务院发布）

四　薪酬管理制度方面

第三十五条规定，健全培训审批制度，严格控制培训数量、时间、规模，严禁以培训名义召开会议。适合采取线上方式培训的应当通过线上方式开展。严格执行分类培训经费开支标准，严格控制培训经费支出范围，严禁在培训经费中列支公务接待费、会议费等与培训无关的任何费用。严禁以培训名义进行公款宴请、公款旅游活动。

《中央和国家机关培训费管理办法》（财行〔2016〕540号）第十四条第一款规定，严禁借培训名义安排公款旅游；严禁借培训名义组织会餐或安排宴请；严禁组织高消费娱乐健身活动；严禁使用培训费购置电脑、复印机、打印机、传真机等固定资产以及开支与培训无关的其他费用；严禁在培训费中列支公务接待费、会议费；严禁套取培训费设立"小金库"。

《中国共产党纪律处分条例》第一百一十六条规定，违反接待管理规定，超标准、超范围接待或者借机大吃大喝，对直接责任者和领导责任者，情节较重的，给予警告或者严重警告处分；情节严重的，给予撤销党内职务处分。第一百一十七条规定，违反有关规定配备、购买、更换、装饰、使用公务交通工具或者有其他违反公务交通工具管理规定的行为，对直接责任者和领导责任者，情节较重的，给予警告或者严重警告处分；情节严重的，给予撤销党内职务或者留

国有企业管理人员从业提醒

党察看处分。

从业提醒

干部教育培训是建设高素质干部队伍的先导性、基础性、战略性工程，在推进中国特色社会主义伟大事业和党的建设新的伟大工程中具有不可替代的重要地位和作用。学习培训是增长知识、开阔眼界和提升素质能力的重要渠道。实际中，很多地方的学习培训办得有声有色，不断帮助基层干部开阔思路、提高本领。但是在一些地方和单位，有的把培训当作敛财的手段，有的把培训当作旅游、娱乐消费、大吃大喝的机会，有的通过培训经营"小金库"，有的超标准安排食宿、发放高档消费品等。国有企业开展培训活动要厉行节约、勤俭办学，不得在高档宾馆、风景名胜区举办培训班，不得超标准安排食宿，不得发放高档消费品和纪念品，严禁借培训之名搞公款旅游。对国有企业管理人员在培训活动方面超过规定的标准、范围的，监察机关或者国有企业管理人员任免机关、单位应当依法对其予以处分。

四　薪酬管理制度方面

5

不得在办公用房方面超过规定的标准、范围

《国有企业管理人员处分条例》第二十条第（四）项规定，国有企业管理人员在"办公用房"方面超过规定的标准、范围，依据《中华人民共和国公职人员政务处分法》第三十五条的规定，情节较重的，予以警告、记过或者记大过；情节严重的，予以降级或者撤职。

《中华人民共和国公职人员政务处分法》第三十五条第（二）项规定，公职人员有"违反规定，在公务接待、公务交通、会议活动、办公用房以及其他工作生活保障等方面超标准、超范围的"，情节较重的，予以处分；情节严重的，予以降级或者撤职。

《中国共产党纪律处分条例》第一百一十九条规定，违反办公用房管理等规定，有下列行为之一，对直接责任者和

领导责任者,情节较重的,给予警告或者严重警告处分;情节严重的,给予撤销党内职务处分:(一)决定或者批准兴建、装修办公楼、培训中心等楼堂馆所;(二)超标准配备、使用办公用房;(三)未经批准租用、借用办公用房;(四)用公款包租、占用客房或者其他场所供个人使用;(五)其他违反办公用房管理等规定行为。

《党政机关厉行节约反对浪费条例》第三十八条规定,党政机关办公用房建设应当从严控制。凡是违反规定的拟建办公用房项目,必须坚决终止;凡是未按照规定程序履行审批手续、擅自开工建设的办公用房项目,必须停建并予以没收;凡是超规模、超标准、超投资概算建设的办公用房项目,应当根据具体情况限期腾退超标准面积或者全部没收、拍卖。党政机关办公用房应当严格管理,推进办公用房资源的公平配置和集约使用。凡是超过规定面积标准占有、使用办公用房以及未经批准租用、借用办公用房的,必须腾退;凡是未经批准改变办公用房使用功能的,原则上应当恢复原使用功能。第四十条规定,党政机关办公用房建设项目应当按照朴素、实用、安全、节能原则,严格执行办公用房建设标准、单位综合造价标准和公共建筑节能设计标准,符合土地利用和城市规划要求,严禁超标准建设和豪华装修。党政机关办公楼不得追求成为城市地标建筑,严禁配套建设大型广场、公园等设施。第四十四条规定，领导干部不得租用宾馆、酒店房间作为办公用房。

《党政机关办公用房管理办法》（2017年12月5日起施行）第十九条第一款规定，使用单位应当严格按照有关规定在核定面积内合理安排使用办公用房，不得擅自改变办公用房使用功能，不得调整给其他单位使用。办公用房安排使用情况应当按年度通过政务内网、公示栏等平台进行内部公示；领导干部办公用房配备情况应当按年度报机关事务管理部门备案，严禁超标准配备、使用办公用房。第二十一条第三款规定，生产经营类事业单位、国有企业和行业协会商会等社团组织，原则上不得占用党政机关办公用房。

从业提醒

在办公用房方面超过规定的标准、范围，主要包括违反规定配备使用超过规定数量或面积、装修标准的办公用房等。党的十八大以来，党中央把控制党政机关办公用房建设和使用作为加强作风建设的重要切入点，下大力气进行治理，取得了明显成效，但仍然存在一些违规问题。具体表现为：豪华装修办公用房，在办公室内设置卫生间、休息室等；超标准配备使用办公用房，并通过假隔断、增加桌椅、虚增人头等方式掩人耳目；租用宾馆、酒店房间作为办公用房等。这些行为不仅浪费公共资金和国家资源，加重人民群众负担，而且败坏党风政风，必须予以制止。国有企业管理人员在办公用房方面超过规定的标准、范围，要受到相应的处分。

值得注意的是，超标办公用房整改要优先采取调换或者合用方式，采取工程改造方式整改的，工程改造方案应当简易、合理、厉行节约，多出的办公用房面积公用，不得直接隔断封死，防止造成新的浪费。

6

不得在公务用车方面超过规定的标准、范围

《国有企业管理人员处分条例》第二十条第（四）项规定，国有企业管理人员在"公务用车"方面超过规定的标准、范围，依据《中华人民共和国公职人员政务处分法》第三十五条的规定，情节较重的，予以警告、记过或者记大过；情节严重的，予以降级或者撤职。

《中华人民共和国公职人员政务处分法》第三十五条第（二）项规定，公职人员有"违反规定，在公务接待、公务交通、会议活动、办公用房以及其他工作生活保障等方面超标准、超范围的"，情节较重的，予以处分；情节严重的，予以降级或者撤职。

《党政机关厉行节约反对浪费条例》第二十七条第二款规定，普通公务出行由公务人员自主选择，实行社会化提供。

按照有关规定发放公务交通补贴，不得以公务交通补贴的名义变相发放福利，不得既领取公务交通补贴又违规使用公务用车。第二十八条第二、三、四款规定，从严配备执法执勤、机要通信、应急保障和特种专业技术用车以及其他用于定向化保障的用车，不得以特殊用途等理由变相超编制、超标准配备公务用车，不得以任何方式换用、借用、占用所属单位或者其他单位和个人的车辆，不得接受企事业单位和个人赠送的车辆。严格按照规定配备专车，不得擅自扩大专车配备范围或者变相配备专车。执法执勤用车配备应当严格限制在一线执法执勤岗位，机关内部管理和后勤岗位以及机关所属事业单位一律不得配备。

《党政机关公务用车管理办法》（2017年12月5日起施行）第二十六条规定，党政机关有下列情形之一的，依纪依法追究相关人员责任：（一）超编制、超标准配备公务用车的；（二）违反规定将公务用车登记在下属单位、企业或者个人名下的；（三）公车私用、私车公养，或者既领取公务交通补贴又违规使用公务用车的；（四）换用、借用、占用下属单位或者其他单位和个人的车辆，或者擅自接受企事业单位和个人赠送车辆的；（五）挪用或者固定给个人使用执法执勤、机要通信等公务用车的；（六）为公务用车增加高档配置或者豪华内饰的；（七）在车辆维修等费用中虚列名目或者夹带其他费用,为非本单位车辆报销运行维护费用的;(八)违规处置公务用车的;(九)有其他违反公务用车配备使用管理规定行为的。

《中国共产党纪律处分条例》第一百一十七条规定,违反有关规定配备、购买、更换、装饰、使用公务交通工具或者有其他违反公务交通工具管理规定的行为,对直接责任者和领导责任者,情节较重的,给予警告或者严重警告处分;情节严重的,给予撤销党内职务或者留党察看处分。

从业提醒

国有企业管理人员配备公务用车,主要是经营和业务保障用车,而且有明确的标准和审批程序,但是有的人却把公务车当作身份待遇的象征,致使出现公车私用现象,既影响公务用车改革成效和党群干群关系,又滋生以权谋私、假公济私等腐败和作风问题。近年来,各国有企业不断加强公务用车管理,健全公务用车管理制度,规范公务用车运行。同时,结合生产经营实际,积极探索符合企业特点的公务出行保障方式,取得了一定进展。但是,目前仍然存在部分企业公务用车管理不够规范、公务用车配备范围过大等问题。

在公务用车方面应注意:(1)不得以特殊用途等理由变

相超编制、超标准配备公务用车。（2）不得以任何方式换用、借用、占用所属单位或者其他单位和个人的车辆。（3）不得接受企事业单位和个人赠送的车辆。（4）不得擅自扩大专车配备范围或者变相配备专车。（5）机关内部管理和后勤岗位以及机关所属事业单位一律不得配备执法执勤用车。（6）不得因领导干部职务晋升、调任等原因提前更新公务用车。（7）严禁以任何理由挪用或者固定给个人使用执法执勤、机要通信等公务用车。（8）领导干部亲属和身边工作人员不得因私使用配备给领导干部的公务用车。（9）严禁公车私用、私车公养，严禁为公务用车增加高档配置或者豪华内饰。

对国有企业管理人员在公务用车方面的要求，与对党政机关及事业单位领导干部的要求是一致的。国有企业管理人员要牢固树立纪律规矩意识，带头遵守公车管理各项规定，自觉抵制公车使用过程中的违规违纪行为，坚决刹住"车轮上的腐败"。

7

不得在业务招待方面
超过规定的标准、范围

《国有企业管理人员处分条例》第二十条第（四）项规定，国有企业管理人员在"业务招待"方面超过规定的标准、范围，依据《中华人民共和国公职人员政务处分法》第三十五条的规定，情节较重的，予以警告、记过或者记大过；情节严重的，予以降级或者撤职。

《中华人民共和国公职人员政务处分法》第三十五条第（二）项规定，公职人员有"违反规定，在公务接待、公务交通、会议活动、办公用房以及其他工作生活保障等方面超标准、超范围的"，情节较重的，予以处分；情节严重的，予以降级或者撤职。

《国有企业商务招待管理规定》（国资发考分规〔2020〕20号）第二十七条第（一）、（二）项规定，国有企业有"违规增加商务招待活动内容""擅自提高接待开支标准"行为的，予以严肃处理，并追究有关人员责任。

《党政机关厉行节约反对浪费条例》第二十二条规定，党政机关应当建立国内公务接待审批控制制度，严格执行公函制度，对无公函的公务活动一律不予接待，严禁将非公务活动纳入接待范围。第二十三条规定，党政机关应当严格执行国内公务接待标准，实行接待费支出总额控制制度。接待单位应当严格按照标准安排接待对象的住宿用房，协助安排用餐、用车的按照标准收取伙食费、交通费。工作餐不得提供高档菜肴，不得提供香烟，不上酒。不得在接待费中列支应当由接待对象承担的费用，不得以举办会议、培训等名义列支、转移、隐匿接待费开支。接待单位不得在机场、车站、码头和辖区边界组织迎送活动，不得跨地区迎送。严格控制陪同人数，不得层层多人陪同。接待单位应当严格执行国内公务接待清单制度，如实反映接待对象、公务活动、接待费、陪同和相关工作保障人员等情况。接待清单作为财务报销的凭证之一并接受审计。

《中国共产党纪律处分条例》第一百一十六条规定，违反接待管理规定，超标准、超范围接待或者借机大吃大喝，对直接责任者和领导责任者，情节较重的，给予警告或者严重警告处分；情节严重的，给予撤销党内职务处分。

从业提醒

这里的"业务招待",是指国有企业管理人员为企业生产经营业务的需要,招待客户、合资合作方以及其他外部关系人员所发生的由企业承担的费用支出,主要分为商务、外事、其他公务招待活动等。商务招待应按照国务院国资委、财政部2020年3月9日印发的《国有企业商务招待管理规定》和国有企业制定的本企业商务招待管理办法执行。按照规定,国有企业应根据商务活动内容和接待对象情况,在控制标准内,分级分档确定商务宴请、接待用车、住宿及赠送纪念品等商务招待活动的标准。不得简单就高或一刀切,避免上下一般粗。国有企业之间开展商务接待,各项标准应从严把握,国有企业内部的商务招待活动应本着内外有别、朴素节约的原则开展,不得进行商务宴请。因公接待外宾或其他外籍关系人员的活动属于外事招待,应按照有关外事接待要求以及履行出资人职责的机构和本企业制定的实施办法执行。"其他公务招待",是指商务招待、外事招待以外的其他公务接待活动,应参照中共中央办公厅、国务院办公厅2024年1月29日修订的《党政机关国内公务接待管理规定》制定的标准执行。

这里的"在业务招待方面超过规定的标准、范围"中的"规定",是指前述《国有企业商务招待管理规定》等规定和本企业制定的实施办法。国有企业管理人员在进行业务招待时,应遵循依法依规、从严从紧、廉洁节俭、规范透明的原则,严格按照有关规定标准执行。

8

不得在差旅费用方面超过规定的标准、范围

《国有企业管理人员处分条例》第二十条第（四）项规定，国有企业管理人员在"差旅费用"方面超过规定的标准、范围，依据《中华人民共和国公职人员政务处分法》第三十五条的规定，情节较重的，予以警告、记过或者记大过；情节严重的，予以降级或者撤职。

《党政机关厉行节约反对浪费条例》第十六条规定，国内差旅人员应当严格按照规定乘坐交通工具、住宿、用餐，费用由所在单位承担。差旅人员用车、住宿、用餐由接待单位协助安排的，必须按照规定标准及时足额交纳交通费、住宿费、伙食费。差旅人员不得向接待单位提出正常公务活动以外的要求，不得接受礼金、礼品和土特产品等。

《中央和国家机关差旅费管理办法》（2014年1月1日

起施行）第二十二条规定，出差人员应当严格按规定开支差旅费，费用由所在单位承担，不得向下级单位、企业或其他单位转嫁。第二十八条规定，出差人员不得向接待单位提出正常公务活动以外的要求，不得在出差期间接受违反规定用公款支付的宴请、游览和非工作需要的参观，不得接受礼品、礼金和土特产品等。第二十九条规定，违反本办法规定，有"单位无出差审批制度或出差审批控制不严的；虚报冒领差旅费的；擅自扩大差旅费开支范围和提高开支标准的；不按规定报销差旅费的；转嫁差旅费的"行为之一的，依法依规追究相关单位和人员的责任。

从业提醒

　　差旅费是指工作人员临时到常驻地以外地区公务出差所发生的城市间交通费、住宿费、伙食补助费和市内交通费。国有企业管理人员出差必须严格执行差旅费预算管理，在差旅费用方面应把握以下原则：一是出差必须按规定报有关领导批准，严禁无实质内容、无明确公务目的的差旅活动。二是从严控制差旅费支出规模，包括差旅人数和天数。三是出差人员要自律，用车、住宿、用餐等费用原则上由所在单位承担，如由接待单位协助安排的，要按照规定标准及时足额交纳交通费、住宿费、伙食费。四是出差人员不得向接待单位提出正常公务活动以外的要求，更不能接受礼金、礼品和土特产品等。五是接待要规范。接待单位一律凭公函接待，对无公函的公务活动一律不予接待。六是严格审查，杜绝违规超支和虚报冒领差旅费现象，不得向下级单位、企业或其他单位转嫁差旅活动费用。

9

严禁公款旅游或者变相公款旅游

《国有企业管理人员处分条例》第二十条第（五）项规定，国有企业管理人员有"公款旅游或者以学习培训、考察调研、职工疗养等名义变相公款旅游"的，依据《中华人民共和国公职人员政务处分法》第三十五条的规定，情节较重的，予以警告、记过或者记大过；情节严重的，予以降级或者撤职。

《党政机关厉行节约反对浪费条例》第十五条规定，党政机关应当严格执行国内差旅内部审批制度，加强计划管理和统筹把关，从严控制人数和天数，严禁无实质内容、无明确公务目的的差旅活动，严禁以任何名义和方式变相旅游，严禁异地部门间无实质内容的学习交流和考察调研。加强对到基层调研、督查检查的统筹规范，防止重复扎堆增加基层负担。

《中央和国家机关培训费管理办法》第十四条规定，严禁借培训名义安排公款旅游。

《中国共产党纪律处分条例》第一百一十五条规定，有下列行为之一，对直接责任者和领导责任者，情节较轻的，给予警告或者严重警告处分；情节较重的，给予撤销党内职务或者留党察看处分；情节严重的，给予开除党籍处分：（一）公款旅游或者以学习培训、考察调研、职工疗养等为名变相公款旅游；（二）改变公务行程，借机旅游；（三）参加所管理企业、下属单位组织的考察活动，借机旅游。以考察、学习、培训、研讨、招商、参展等名义变相用公款出国（境）旅游的，对直接责任者和领导责任者，依照前款规定处理。

从业提醒

党的十八大以来，驰而不息反"四风"树新风，明目张胆的公款旅游得到有效遏制，但仍有一些隐形变异的情形，如巧立名目"借壳游"、更改行程"顺带游"、增加人数"搭车游"。公款旅游花样翻新、屡禁不止，一个重要原因是特权思想作祟。有的党员干部利用手中权力钻政策空子、寻

"变通"路径，将公共资金用于个人享乐。有的党员干部打起了管理和服务对象的主意，接受可能影响公正执行公务的旅游安排。表面上看没花自家单位一分钱，可对方愿意提供"免费的午餐"，看中的是领导干部手中的权力，目的还是搞利益输送、权钱交易。公款旅游既挥霍国家资财，又败坏党风政风，滋长享乐主义。公是公，私是私，公私要分明。不管是公务出差，还是考察、学习、培训、研讨、招商、参展等，既然是公务，就把心思放在工作上，一旦沾上旅游的边，就是违纪，甚至是违法。国有企业管理人员要加强自身建设，增强党性意识、纪法意识，抵得住诱惑、耐得住寂寞，千万别踩了违规旅游的红线。

五

从事或者参与营利性活动方面

五 从事或者参与营利性活动方面

1
不得违规经商办企业

《**国有企业管理人员处分条例**》第二十一条第（一）项规定，国有企业管理人员有"违反规定，个人经商办企业、拥有非上市公司（企业）股份或者证券、从事有偿中介活动、在国（境）外注册公司或者进行投资入股等营利性活动"的，依据《中华人民共和国公职人员政务处分法》第三十六条的规定，予以警告、记过或者记大过；情节较重的，予以降级或者撤职；情节严重的，予以开除。

《**中华人民共和国公职人员政务处分法**》第三十六条规定，违反规定从事或者参与营利性活动，或者违反规定兼任职务、领取报酬的，予以警告、记过或者记大过；情节较重的，予以降级或者撤职；情节严重的，予以开除。

《**国有企业领导人员廉洁从业若干规定**》第五条第（一）（四）项规定，国有企业领导人员应当忠实履行职责。不得有利用职权谋取私利以及损害本企业利益的下列行为:"个人从事营利性经营活动和有偿中介活动,或者在本企业的同类经营企业、关联企业和与本企业有业务关系的企业投资入股";"委托他人投资证券、期货或者以其他委托理财名义,未实际出资而获取收益,或者虽然实际出资,但获取收益明显高于出资应得收益"。

《中国共产党纪律处分条例》第一百零三条第一款第(一)、(二)、(五)项规定,对违反有关规定从事营利活动,有"经商办企业""拥有非上市公司(企业)的股份或者证券""在国(境)外注册公司或者投资入股"等行为之一的,情节较轻的,给予警告或者严重警告处分;情节较重的,给予撤销党内职务或者留党察看处分;情节严重的,给予开除党籍处分。

从业提醒

所谓"经商办企业",主要是指经营商业、兴办企业,其形式主要有:个人独资经商办企业,与他人合资、合股、合作、合伙经商办企业,私自以承包、租赁、受聘等方式经商办企业等。经商办企业的主观目的是获取经济利益或者利润,而不论经商办企业是否实际获利。早在1986年2月,中共中央、国务院就印发《关于进一步制止党政机关和党政干部经商、办企业的规定》，明确禁止党政干部经商办企业。国有企业管理人员，不得违反《国有企业领导人员廉洁从业若干规定》《国有企业管理人员处分条例》等规定。拥有非上市公司（企业）的股份或者证券，在国（境）外注册公司或者进行投资入股，本质上属于经商办企业，也应给予相应处分。

国有企业管理人员要坚守廉洁从业的底线，做到公私分明，坚决杜绝任何可能引致国有资产利益与个人利益冲突的商业行为，维护市场的公平竞争秩序。

2

不得从事有偿中介活动

《国有企业管理人员处分条例》第二十一条第（一）项规定，国有企业管理人员违反规定，"从事有偿中介活动"的，依据《中华人民共和国公职人员政务处分法》第三十六条的规定，予以警告、记过或者记大过；情节较重的，予以降级或者撤职；情节严重的，予以开除。

《中华人民共和国公职人员政务处分法》第三十六条规定，违反规定从事或者参与营利性活动，或者违反规定兼任职务、领取报酬的，予以警告、记过或者记大过；情节较重的，予以降级或者撤职；情节严重的，予以开除。

《国有企业领导人员廉洁从业若干规定》第五条第（一）项规定，国有企业领导人员应当忠实履行职责。不得有利用职权谋取私利以及损害本企业利益的下列行为："个人从事营利性经营活动和有偿中介活动，或者在本企业的同类经营企业、关联企业和与本企业有业务关系的企业投资入股。"

《中国共产党纪律处分条例》第一百零三条第一款第（四）项规定，对违反有关规定从事营利活动，有"从事有偿中介活动"的，情节较轻的，给予警告或者严重警告处分；情节较重的，给予撤销党内职务或者留党察看处分；情节严重的，给予开除党籍处分。

从业提醒

有偿中介活动，是指以营利为目的，通过为销售方和购买方、服务人和服务对象等双方沟通信息、提供便利而收取财物的活动。根据《中华人民共和国民法典》第九百六十三条，中介人促成合同成立的，委托人应当按照约定支付报酬。这表明，在法律上承认并保护中介人通过提供中介服务获取报酬的权利。但是，党员、干部和公职人员等不得违规从事有偿中介活动。国有企业管理人员不得违反《国有企业领导人员廉洁从业若干规定》和《国有企业管理人员处分条例》的相关具体规定，即使未直接经营商业、兴办企业，但违规从事有偿中介活动，居间牟利，也属于违规从事营利活动。这些行为容易助长官商不分、与民争利的不良风气，扰乱市场经济秩序，甚至诱发以权谋私、权钱交易，侵蚀党的执政基础，必须深挖细查、予以追究。

3

不得为他人经营与所任职企业同类经营的企业

《国有企业管理人员处分条例》第二十一条第（二）项规定，国有企业管理人员有"利用职务上的便利，为他人经营与所任职企业同类经营的企业"的，依据《中华人民共和国公职人员政务处分法》第三十六条的规定，予以警告、记过或者记大过；情节较重的，予以降级或者撤职；情节严重的，予以开除。

《中华人民共和国公职人员政务处分法》第三十六条规定，违反规定从事或者参与营利性活动，或者违反规定兼任职务、领取报酬的，予以警告、记过或者记大过；情节较重的，予以降级或者撤职；情节严重的，予以开除。

《中华人民共和国刑法》第一百六十五条第一款规定，国有公司、企业的董事、经理利用职务便利，自己经营或者为他人经营与其所任职公司、企业同类的营业，获取非法利益，数额巨大的，处三年以下有期徒刑或者拘役，并处或者单处罚金；数额特别巨大的，处三年以上七年以下有期徒刑，并处罚金。

从业提醒

现实生活中，有的国有企业董事、监事、厂长、经理或其他相关的管理人员，利用职务上的便利，为他人经营与其所任职企业同类经营的企业，这种行为往往都是以损害本企业利益为代价而换取其非法利益。

这里的"经营与所任职企业同类经营的企业"，是指国有企业管理人员违背竞业禁止义务从事与其所任职国有企业实际经营的同一类别的业务；"同类经营的企业"，是指任何一部分经营范围与其任职国有企业注册登记经营范围中的实际经营范围属于同一类。实践中，有的国有企业管理人员利用职务便利将其任职国有企业的销售、采购业务等商业机会交给兼营公司经营，或者以其任职国有企业名义为兼营公司谋取本应属于国有企业的商业机会，导致其任职国有企业和兼营公司产生竞争关系，损害国有企业的利益。

国有企业管理人员"利用职务上的便利，为他人经营与所任职企业同类经营的企业",获取非法利益数额巨大的,如已经达到追诉标准的,应依照《中华人民共和国刑法》第一百六十五条第一款规定以非法经营同类营业罪追究其刑事责任。

4
不得违反规定兼任职务

《国有企业管理人员处分条例》第二十一条第（三）、（四）项规定，国有企业管理人员有"违反规定，未经批准在本企业所出资企业或者其他企业、事业单位、社会组织、中介机构、国际组织等兼任职务"；"经批准兼职，但是违反规定领取薪酬或者获取其他收入"的，依据《中华人民共和国公职人员政务处分法》第三十六条的规定，予以警告、记过或者记大过；情节较重的，予以降级或者撤职；情节严重的，予以开除。

《中华人民共和国公职人员政务处分法》第三十六条规定，违反规定从事或者参与营利性活动，或者违反规定兼任职务、领取报酬的，予以警告、记过或者记大过；情节较重的，予以降级或者撤职；情节严重的，予以开除。

《国有企业领导人员廉洁从业若干规定》第五条第（六）

项规定，国有企业领导人员应当忠实履行职责。不得有利用职权谋取私利以及损害本企业利益的下列行为："未经批准兼任本企业所出资企业或者其他企业、事业单位、社会团体、中介机构的领导职务，或者经批准兼职的，擅自领取薪酬及其他收入。"

《中华人民共和国企业国有资产法》第二十五条第一款规定，未经履行出资人职责的机构同意，国有独资企业、国有独资公司的董事、高级管理人员不得在其他企业兼职。未经股东会、股东大会同意，国有资本控股公司、国有资本参股公司的董事、高级管理人员不得在经营同类业务的其他企业兼职。

《关于进一步规范党政领导干部在企业兼职（任职）问题的意见》规定，现职和不担任现职但未办理退（离）休手续的党政领导干部不得在企业兼职（任职）。按规定经批准在企业兼职的党政领导干部，不得在企业领取薪酬、奖金、津贴等报酬，不得获取股权和其他额外利益。

《中共中央组织部关于规范退（离）休领导干部在社会团体兼职问题的通知》（中组发〔2014〕11号，2014年6月25日印发）规定，兼职不得领取社会团体的薪酬、奖金、津贴等报酬和获取其他额外利益，也不得领取各种名目的补贴等，确属需要的工作经费，要从严控制，不得超过规定标

五 从事或者参与营利性活动方面

准和实际支出。

从业提醒

党的十八大以来,习近平总书记多次告诫广大党员干部,当官发财两条道,当官就不要发财,发财就不要当官。但在现实中,一些党员、干部和公职人员经不住物质利益的诱惑,违规兼职或者违规兼职取酬。违规兼职或者违规兼职取酬说到底是对物质利益的不当追求,这种不当追求往往会使党员、干部和公职人员理想信念动摇,人生观、价值观严重扭曲,拜金主义、个人主义和享乐主义膨胀,从而利用职权或者职务影响力为个人谋利,极易产生以权谋私、权钱交易等各种腐败现象,损害党员、干部和公职人员的声誉,破坏社会主义市场经济的公平竞争,危害党的事业,应当受到责任追究。国有企业管理人员不得违反规定,未经批准在本企业所出资企业或者其他企业、事业单位、社会组织、中介机构、国际组织等兼任职务,即使经批准兼职,也不得违反规定领取薪酬或者获取其他收入,否则,监察机关或者国有企业管理人员任免机关、单位应当依法对其予以处分。

5

严禁利用企业内幕信息等谋取私利

《国有企业管理人员处分条例》第二十一条第（五）项规定，国有企业管理人员有"利用企业内幕信息或者其他未公开的信息、商业秘密、无形资产等谋取私利"的，依据《中华人民共和国公职人员政务处分法》第三十六条的规定，予以警告、记过或者记大过；情节较重的，予以降级或者撤职；情节严重的，予以开除。

《中华人民共和国公职人员政务处分法》第三十六条规定，违反规定从事或者参与营利性活动，或者违反规定兼任职务、领取报酬的，予以处分；情节较重的，予以降级或者撤职；情节严重的，予以开除。

《国有企业领导人员廉洁从业若干规定》第五条第（五）项规定，国有企业领导人员应当忠实履行职责。不得有利用职权谋取私利以及损害本企业利益的下列行为："利用企业上市或者上市公司并购、重组、定向增发等过程中的内幕消息、商业秘密以及企业的知识产权、业务渠道等无形资产或者资源,为本人或者配偶、子女及其他特定关系人谋取利益。"

从业提醒

所谓"内幕信息",是指上市公司经营、财务、分配、投融资、并购重组、重要人事变动等对证券价格有重大影响但尚未正式公开的信息。所谓"商业秘密",是指不为公众所知悉、能为权利人带来经济利益、具有实用性并经权利人采取保密措施的技术信息和经营信息。所谓"无形资产",是指没有实物形态的可辨认非货币性资产,如企业的知识产权、业务渠道等。企业的知识产权是企业在生产经营活动中所创造的智力成果,包括著作权、商标权、专利权等;业务渠道是企业在购销商品和服务工作中形成的业务网络关系,包括固定的客户、长期形成的购销商品和服务办法等。

国有企业的内幕信息或者其他未公开的信息、商业秘密、无形资产等是企业资产的重要组成部分。国有企业管理人员不仅要对国家和出资人负责,同时必须对其所在的国有企业负责，忠实履行其经营管理者的职责，合理经营国有企业资产。如果国有企业管理人员利用内幕信息等为本人或者他人从事营利活动，必然会损害企业利益。

违反规定利用企业的内幕消息或者其他未公开的信息、商业秘密、无形资产等谋取私利，还可能违反《中华人民共和国反不正当竞争法》等法律法规，承担民事、行政责任，甚至可能构成犯罪而承担刑事责任。比如，因采取不正当手段，获取、使用、披露或者允许他人使用权利人的商业秘密，给商业秘密的权利人造成重大损失，情节严重的，就可能构成侵犯商业秘密罪。

六

服务对象合法权益或者社会公共利益方面

六　服务对象合法权益或者社会公共利益方面

不得侵犯服务对象合法权益或者社会公共利益

《国有企业管理人员处分条例》第二十二条规定，国有企业管理人员在履行提供社会公共服务职责过程中，侵犯服务对象合法权益或者社会公共利益，被监管机构查实并提出处分建议的，依据《中华人民共和国公职人员政务处分法》第三十八条的规定，情节较重的，予以警告、记过或者记大过；情节严重的，予以降级或者撤职；情节特别严重的，予以开除。

《中华人民共和国公职人员政务处分法》第三十八条规定，有下列行为之一，情节较重的，予以警告、记过或者记大过；情节严重的，予以降级或者撤职：（一）违反规定向管理服务对象收取、摊派财物的；（二）在管理服务活动中故意刁难、吃拿卡要的；（三）在管理服务活动中态度恶劣粗暴，造成不良后果或者影响的；（四）不按照规定公开工作信息，侵犯管理服务对象知情权，造成不良后果或者影响的；（五）其他侵犯管理服务对象利益的行为，造成不良后果或者影响的。有前款第一项、第二项和第五项行为，情节特别严重的，予以开除。

《国有企业领导人员廉洁从业若干规定》第六条规定，国有企业领导人员应当正确行使经营管理权，防止可能侵害公共利益、企业利益行为的发生。第八条第（六）项规定，国有企业领导人员应当加强作风建设，注重自身修养，增强社会责任意识，树立良好的公众形象。不得"漠视职工正当要求，侵害职工合法权益"。

《中华人民共和国公司法》（1993年12月29日第八届全国人民代表大会常务委员会第五次会议通过，2023年12月29日第十四届全国人民代表大会常务委员会第七次会议第二次修订）第二十条规定，公司从事经营活动，应当充分考虑公司职工、消费者等利益相关者的利益以及生态环境保护等社会公共利益，承担社会责任。国家鼓励公司参与社会公益活动，公布社会责任报告。

六　服务对象合法权益或者社会公共利益方面

从业提醒

侵犯服务对象合法权益，是指行为人由于过错或违反法律规定，侵犯服务对象的合法权益，进而依法需要承担民事责任的违法行为。《中华人民共和国公职人员政务处分法》第三十八条列举了侵犯管理服务对象利益的几种行为，包括：违反规定向管理服务对象收取、摊派财物；在管理服务活动中故意刁难、吃拿卡要；在管理服务活动中态度恶劣粗暴，造成不良后果或者影响；不按照规定公开工作信息，侵犯管理服务对象知情权，造成不良后果或者影响；等等。是否损害社会公共利益，应当以是否存在对众多不特定消费者造成安全潜在风险为前提，不仅包括已经发生的损害，也包括有重大损害风险的情形。

基本公共服务直接关系人民群众的切身利益和社会和谐稳定。国有企业作为社会公共服务主要提供者，其履职情况直接关系群众获得感，也是检验国企改革成效的重要标尺。国有企业管理人员在履行提供社会公共服务职责过程中，侵犯服务对象合法权益或者社会公共利益，被监管机构查实并提出处分建议的，监察机关或者国有企业管理人员任免机关、单位应当依法对其予以处分。

七

工作要求方面

七　工作要求方面

1
严禁截留、占用、挪用或者拖欠应当上缴国库的预算收入

《国有企业管理人员处分条例》第二十三条第（一）项规定，国有企业管理人员有"截留、占用、挪用或者拖欠应当上缴国库的预算收入"，造成国有资产损失或者其他严重不良后果的，依据《中华人民共和国公职人员政务处分法》第三十九条的规定，予以警告、记过或者记大过；情节较重的，予以降级或者撤职；情节严重的，予以开除。

《中华人民共和国公职人员政务处分法》第三十九条第（一）项规定，公职人员有"滥用职权，危害国家利益、社会公共利益或者侵害公民、法人、其他组织合法权益的"，造成不良后果或者影响的，予以警告、记过或者记大过；情节较重的，予以降级或者撤职；情节严重的，予以开除。

《中华人民共和国预算法》（1994年3月22日第八届全

国人民代表大会第二次会议通过 根据2018年12月29日第十三届全国人民代表大会常务委员会第七次会议《关于修改〈中华人民共和国产品质量法〉等五部法律的决定》第二次修正）第五十五条第一款规定，预算收入征收部门和单位，必须依照法律、行政法规的规定，及时、足额征收应征的预算收入。不得违反法律、行政法规规定，多征、提前征收或者减征、免征、缓征应征的预算收入，不得截留、占用或者挪用预算收入。第九十三条第（三）项规定，各级政府及有关部门、单位有"截留、占用、挪用或者拖欠应当上缴国库的预算收入的"，责令改正，对负有直接责任的主管人员和其他直接责任人员依法给予降级、撤职、开除的处分。

《财政违法行为处罚处分条例》（2004年11月30日中华人民共和国国务院令第427号公布 根据2011年1月8日国务院令第588号《国务院关于废止和修改部分行政法规的决定》修订）第四条第一款规定，财政收入执收单位及其工作人员有下列违反国家财政收入上缴规定的行为之一的，责令改正，调整有关会计账目，收缴应当上缴的财政收入，限期退还违法所得。对单位给予警告或者通报批评。对直接负责的主管人员和其他直接责任人员给予记大过处分；情节较重的，给予降级或者撤职处分；情节严重的，给予开除处分：（一）隐瞒应当上缴的财政收入；（二）滞留、截留、挪用应当上缴的财政收入;(三)坐支应当上缴的财政收入;(四)不依照规定的财政收入预算级次、预算科目入库;(五)违反规定退付国库库款或者财政专户资金;(六)其他违反国家财政收入上缴规定的行为。

从业提醒

截留、占用、挪用或者拖欠应当上缴国库的预算收入,是指政府或相关部门未能按照规定将应上缴国库的预算收入及时、足额直接上缴,而是将其截留、占用或挪作他用。收入预算要根据企业年度盈利情况和国有资本收益收取政策等合理测算,上年结余资金应一并纳入收入预算编制范围。纳入国有资本经营预算覆盖范围的企业,要确保利润数据真实可靠,及时足额申报和上缴收益,按照政策规定免交收益的应当零申报。

一般预算收入包括各项税收收入、行政事业性收费收入、国有资源(资产)有偿使用收入、转移性收入和其他收入。其他收入包括罚没收入、利息收入、捐赠收入以及上级补助收入等。国有企业及时、足额上缴预算收入,对于维护国家财政安全、促进经济高质量发展具有重要意义。国有企业管理人员截留、占用、挪用或者拖欠应当上缴国库的预算收入,将会受到纪法严惩。

2

严禁不履行或者
不正确履行经营投资职责

《国有企业管理人员处分条例》第二十三条第（二）项规定，国有企业管理人员有"违反规定，不履行或者不正确履行经营投资职责"，造成国有资产损失或者其他严重不良后果的，依据《中华人民共和国公职人员政务处分法》第三十九条的规定，予以警告、记过或者记大过；情节较重的，予以降级或者撤职；情节严重的，予以开除。

《中华人民共和国公职人员政务处分法》第三十九条第（二）项规定，公职人员有"不履行或者不正确履行职责，玩忽职守，贻误工作的"，造成不良后果或者影响的，予以警告、记过或者记大过；情节较重的，予以降级或者撤职；情节严重的，予以开除。

《国务院办公厅关于建立国有企业违规经营投资责任追

究制度的意见》(国办发〔2016〕63号)规定,国有企业经营管理有关人员违反国家法律法规和企业内部管理规定,未履行或未正确履行职责致使发生下列情形造成国有资产损失以及其他严重不良后果的,应当追究责任:(一)集团管控方面。所属子企业发生重大违纪违法问题,造成重大资产损失,影响其持续经营能力或造成严重不良后果;未履行或未正确履行职责致使集团发生较大资产损失,对生产经营、财务状况产生重大影响;对集团重大风险隐患、内控缺陷等问题失察,或虽发现但没有及时报告、处理,造成重大风险等。(二)购销管理方面。未按照规定订立、履行合同,未履行或未正确履行职责致使合同标的价格明显不公允;交易行为虚假或违规开展"空转"贸易;利用关联交易输送利益;未按照规定进行招标或未执行招标结果;违反规定提供赊销信用、资质、担保(含抵押、质押等)或预付款项,利用业务预付或物资交易等方式变相融资或投资;违规开展商品期货、期权等衍生业务;未按规定对应收款项及时追索或采取有效保全措施等。(三)工程承包建设方面。未按规定对合同标的进行调查论证,未经授权或超越授权投标,中标价格严重低于成本,造成企业资产损失;违反规定擅自签订或变更合同,合同约定未经严格审查,存在重大疏漏;工程物资未按规定招标;违反规定转包、分包;工程组织管理混乱，致使工程质量不达标，工程成本严重超支；违反合同约定超计价、超进度付款等。（四）转让产权、上市公司股权和资产方面。未按规定履行决策和审批程序或超越授权范围转让；财务审计和资产评估违反相关规定；组织提供和披露虚假信息，操纵中介机构出具虚假财务审计、资产评估鉴证结果；未按相关规定执行回避制度，造成资产损失；违反相关规定和公开公平交易原则，低价转让企业产权、上市公司股权和资产等。（五）固定资产投资方面。未按规定进行可行性研究或风险分析；项目概算未经严格审查，严重偏离实际；未按规定履行决策和审批程序擅自投资，造成资产损失；购建项目未按规定招标，干预或操纵招标；外部环境发生重大变化，未按规定及时调整投资方案并采取止损措施；擅自变更工程设计、建设内容；项目管理混乱，致使建设严重拖期、成本明显高于同类项目等。（六）投资并购方面。投资并购未按规定开展尽职调查，或尽职调查未进行风险分析等，存在重大疏漏；财务审计、资产评估或估值违反相关规定，或投资并购过程中授意、指使中介机构或有关单位出具虚假报告；未按规定履行决策和审批程序，决策未充分考虑重大风险因素，未制定风险防范预案；违规以各种形式为其他合资合作方提供垫资，或通过高溢价并购等手段向关联方输送利益；投资合同、协议及标的企业公司章程中国有权益保护条款缺失，对标的企业管理失控；投资参股后未行使股东权利，发生重大变化未及时采取止损措施；违反合同约定提前支付并购价款等。（七）改组改制方面。未按规定履行决策和审批程序；未按规定组织开展清产核资、财务审计和资产评估；故意转移、隐匿国有资产或向中介机构提供虚假信息，操纵中介机构出具虚假清产核资、财务审计与资产评估鉴证结果；将国有资产以明显不公允低价折股、出售或无偿分给其他单位或个人；在发展混合所有制经济、实施员工持股计划等改组改制过程中变相套取、私分国有股权；未按规定收取国有资产转让价款；改制后的公司章程中国有权益保护条款缺失等。（八）资金管理方面。违反决策和审批程序或超越权限批准资金支出；设立"小金库"；违规集资、发行股票（债券）、捐赠、担保、委托理财、拆借资金或开立信用证、办理银行票据；虚列支出套取资金；违规以个人名义留存资金、收支结算、开立银行账户；违规超发、滥发职工薪酬福利；因财务内控缺失，发生侵占、盗取、欺诈等。（九）风险管理方面。内控及风险管理制度缺失，内控流程存在重大缺陷或内部控制执行不力；对经营投资重大风险未能及时分析、识别、评估、预警和应对；对企业规章制度、经济合同和重要决策的法律审核不到位；过度负债危及企业持续经营，恶意逃废金融债务；瞒报、漏报重大风险及风险损失事件,指使编制虚假财务报告,企业账实严重不符等。(十)其他违反规定,应当追究责任的情形。

《中央企业违规经营投资责任追究实施办法(试行)》(国务院国有资产监督管理委员会令第37号,自2018年8月30日起施行)第六条规定,中央企业经营管理有关人员违反规定,未履行或未正确履行职责致使发生本办法第七条至第十七条(集团管控方面;风险管理方面;购销管理方面;工程承包建设方面;资金管理方面;转让产权、上市公司股权、资产等方面;固定资产投资方面;投资并购方面;改组改制方面;境外经营投资方面等)所列情形,造成国有资产损失或其他严重不良后果的,应当追究相应责任。

从业提醒

经营投资责任根据工作职责可以划分为直接责任、主管责任和领导责任。直接责任,是指国有企业管理人员在其工作职责范围内,违反规定,未履行或未正确履行职责,对造成的资产损失或其他不良后果起决定性直接作用时应当承担的责任。主要包括以下情形:(1)本人或与他人共同违反国家法律法规和企业内部管理规定;(2)授意、指使、强令、纵容、包庇下属人员违反国家法律法规和企业内部管理规定;(3)未经民主决策、相关会议讨论或文件传签、报审等规定程序,直接决定、批准、组织实施重大经济事项,并造成重大资产损失或其他严重不良后果;(4)主持相关会议讨论或以文件传签等其他方式研究时,在多数人不同意的情况下,直接决定、批准、组织实施重大经济事项,造成重大资产损失或其他严重不良后果;(5)将按有关法律法规制度应作为第一责任人(总负责)的事项、签订的有关目标责任事项或应当履行的其他重要职责,授权(委托)其他领导干部决策且决策不当或决策失误造成重大资产损失或其他严重不良后果;(6)其他失职、渎职和应当承担直接责任的行为。主管责任,是指国有企业管理人员在其直接主管(分管)工作职责范围内,违反规定,未履行或未正确履行职责,对造成的资产损失或不良后果应当承担的责任。领导责任,是指主要负责人在其工作职责范围内,违反规定,未履行或未正确履行职责,对造成的资产损失或不良后果应当承担的责任。对上述行为实行重大决策终身责任追究制度,即便已调任其他岗位或退休的,也在责任追究范围。

责任追究处理方式包括组织处理、扣减薪酬、禁入限制、纪律处分、移送国家监察机关或司法机关等。组织处理是指批评教育、责令书面检查、通报批评、诫勉、停职、调离工作岗位、降职、改任非领导职务、责令辞职、免职等;扣减

国有企业管理人员从业提醒

薪酬是指扣减和追索绩效年薪或任期激励收入,终止或收回中长期激励收益,取消参加中长期激励资格等;禁入限制是指五年内直至终身不得担任国有企业董事、监事、高级管理人员;纪律处分是指由相应的纪检监察机关依法依规查处;移送国家监察机关或司法机关处理是指应依据国家有关法律规定由司法机关依法查处。以上处理方式可以单独使用,也可以合并使用。

国有企业管理人员应当树立责任意识和风险意识,依法经营,廉洁从业,坚持职业操守,履职尽责,规范经营投资决策,维护国有资产安全。

七 工作要求方面

3
不得开展融资性贸易、虚假交易、虚假合资、挂靠经营等活动

《国有企业管理人员处分条例》第二十三条第（三）项规定，国有企业管理人员有"违反规定，进行关联交易，开展融资性贸易、虚假交易、虚假合资、挂靠经营等活动"，造成国有资产损失或者其他严重不良后果的，依据《中华人民共和国公职人员政务处分法》第三十九条的规定，予以警告、记过或者记大过；情节较重的，予以降级或者撤职；情节严重的，予以开除。

《中华人民共和国企业国有资产法》第四十三条第一款规定，国家出资企业的关联方不得利用与国家出资企业之间的交易，谋取不当利益，损害国家出资企业利益。第四十四条规定，国有独资企业、国有独资公司、国有资本控股公司不得无偿向关联方提供资金、商品、服务或者其他资产，不

得以不公平的价格与关联方进行交易。第四十五条规定，未经履行出资人职责的机构同意，国有独资企业、国有独资公司不得有下列行为：（一）与关联方订立财产转让、借款的协议；（二）为关联方提供担保；（三）与关联方共同出资设立企业，或者向董事、监事、高级管理人员或者其近亲属所有或者实际控制的企业投资。

《国有企业参股管理暂行办法》（国资发改革规〔2023〕41号）第八条第二款规定，不得以股权代持、"名为参股合作、实为借贷融资"的名股实债方式开展参股合作。

《关于加强地方国有企业债务风险管控工作的指导意见》（国资发财评规〔2021〕18号）规定，严控低毛利贸易、金融衍生、PPP等高风险业务，严禁融资性贸易和"空转""走单"等虚假贸易业务，管住生产经营重大风险点。

从业提醒

贸易作为经济活动重要组成部分，在国民经济发展中发挥着重要作用，但虚假贸易背离商业实质，干扰正常的经济秩序和金融市场，极易导致国有资产的损失。从2013年开始，国资委就陆续发布针对融资性贸易等虚假贸易的各项文件，近年来监管趋势逐步趋严，总体上经历了从适度压缩到严令禁止的过程。2022年8月，国务院国资委全面开展中央企业虚假贸易专项整治行动，取得积极成效。但仍有部分企业对虚假贸易问题重视不足、识别不准、追责不严，个别企业无视三令五申长期违规开展虚假贸易，造成国有资产重大损失。

2023年11月24日，国务院国有资产监督管理委员会印发《关于规范中央企业贸易管理严禁各类虚假贸易的通知》，明确提出"十不准"：一、不准开展背离主业的贸易业务；二、不准参与特定利益关系企业间开展的无商业目的的贸易业务；三、不准在贸易业务中人为增加不必要的交易环节；四、不准开展任何形式的融资性贸易；五、不准开展对交易标的没有控制权的空转、走单等贸易业务；六、不准开展无商业实质的循环贸易；七、不准开展有悖于交易常识的异常贸易业务；八、不准开展风险较高的非标仓单交易；九、不准违反会计准则规定确认代理贸易收入；十、不准在内控机制缺乏的情况下开展贸易业务。《国有企业管理人员处分条例》对虚假贸易"十不准"提出的严禁行为，以行政法规形式明确了违规进行关联交易，开展融资性贸易、虚假交易、虚假合资、挂靠经营等活动的处分依据。国有企业管理人员应对照政策要求，规范业务模式和经营行为，加强风险管理，保障企业的稳健运营与可持续发展。

4
必须按时、如实办理企业国有资产产权登记

《国有企业管理人员处分条例》第二十三条第（四）项规定，国有企业管理人员有"在国家规定期限内不办理或者不如实办理企业国有资产产权登记，或者伪造、涂改、出租、出借、出售国有资产产权登记证（表）"，造成国有资产损失或者其他严重不良后果的，依据《中华人民共和国公职人员政务处分法》第三十九条的规定，予以警告、记过或者记大过；情节较重的，予以降级或者撤职；情节严重的，予以开除。

《企业国有资产产权登记管理办法》（1996年1月25日中华人民共和国国务院令第192号发布）第十二条第二款规定，任何单位和个人不得伪造、涂改、出卖或者出借国有资产产权登记表。第十四条规定，企业违反本办法规定，有下

列行为之一的,由国有资产管理部门责令改正、通报批评,可以处以 10 万元以下的罚款,并提请政府有关部门对企业领导人员和直接责任人员按照规定给予纪律处分:(一)在规定期限内不办理产权登记的;(二)隐瞒真实情况、未如实办理产权登记的;(三)不按照规定办理产权年度检查登记的;(四)伪造、涂改、出卖或者出借国有资产产权登记表的。

从业提醒

企业国有资产产权登记,是指国有资产管理部门代表政府对占有国有资产的各类企业的资产、负债、所有者权益等产权状况进行登记,依法确认产权归属关系的行为。国有企业、国有独资公司、持有国家股权的单位以及以其他形式占有国有资产的企业,应当按规定定期办理产权登记。国有企业管理人员在国家规定期限内不办理或者不如实办理企业国有资产产权登记,或者伪造、涂改、出租、出借、出售国有资产产权登记证(表),造成国有资产损失或者其他严重不良后果的,依照规定将被给予相应处分。同时,产权登记机关可视情节轻重,对企业进行处罚:(一)企业不在规定的期限内办理产权登记及其年度检查的,产权登记机关责令其限期办理，并视情节轻重，处以一千元以上三万元以下罚款，逾期仍不办理的，产权登记机关视情节轻重，处以三万元以上六万元以下罚款，并提请政府有关部门对企业领导人员和直接责任人员给予相应的纪律处分；（二）企业提供虚假财务报告或证明文件，隐瞒真实情况，骗取产权登记及其年度检查的；伪造、涂改、出借、出租、出卖产权登记表和产权登记证等其他行为的，产权登记机关责令其限期改正，并予以通报批评，视情节轻重处以六万元以上十万元以下罚款，并提请政府有关部门对企业领导人员和直接责任人员给予相应的纪律处分；（三）会计、评估、法律咨询事务所（公司）等中介机构故意为企业出具虚假的审计、验资报告或有关证明文件的，将不得再从事与产权登记有关的审计、验资、评估等事务，产权登记机关将向注册会计师协会等管理机构通报情况，并予以公告；造成国有资产流失并构成犯罪的，依法追究其刑事责任。

　　国有企业管理人员应严格遵守相关规定，确保国有资产产权登记的准确性、及时性和合规性。

5

按绩效评价要求提供信息资料，不得编制虚假数据信息

《国有企业管理人员处分条例》第二十三条第（五）项规定，国有企业管理人员有"拒不提供有关信息资料或者编制虚假数据信息，致使国有企业绩效评价结果失真"，造成国有资产损失或者其他严重不良后果的，依据《中华人民共和国公职人员政务处分法》第三十九条的规定，予以警告、记过或者记大过；情节较重的，予以降级或者撤职；情节严重的，予以开除。

《中华人民共和国公职人员政务处分法》第三十九条第（四）项规定，公职人员有"工作中有弄虚作假，误导、欺骗行为的"，造成不良后果或者影响的，予以警告、记过或者记大过；情节较重的，予以降级或者撤职；情节严重的，予以开除。

《中央企业综合绩效评价管理暂行办法》(2006年4月7日 国务院国有资产监督管理委员会令第14号公布 自2006年5月7日起施行)第三十四条规定，企业应当提供真实、全面的绩效评价基础数据资料，企业主要负责人、总会计师或主管财务会计工作的负责人应当对提供的年度财务会计报表和相关评价基础资料的真实性负责。

从业提醒

综合绩效评价，是指以投入产出分析为基本方法，通过建立评价指标体系，对照相应行业评价标准，对企业特定经营期间的盈利能力、资产质量、债务风险、经营增长以及管理状况等进行的综合评判。

企业综合绩效评价由财务绩效定量评价和管理绩效定性评价两部分组成。财务绩效定量评价，是指对企业一定期间的盈利能力、资产质量、债务风险和经营增长四个方面进行定量对比分析和评判。管理绩效定性评价，是指在企业财务绩效定量评价的基础上，通过采取专家评议的方式，对企业一定期间的经营管理水平进行定性分析与综合评判。管理绩效定性评价指标包括企业发展战略的确立与执行、经营决策、发展创新、风险控制、基础管理、人力资源、行业影响、社会贡献等方面。

企业绩效评价工作应当遵循全面性原则、客观性原则、效益性原则、发展性原则。国有企业管理人员应当提供真实、全面的绩效评价基础数据资料，对拒不提供有关信息资料或者编制虚假数据信息，致使国有企业绩效评价结果失真，造成国有资产损失或者其他严重不良后果的，要给予相应处分。

6
不得与中介机构串通作假、掩饰企业真实状况

《国有企业管理人员处分条例》第二十三条第（六）项规定，国有企业管理人员有"掩饰企业真实状况，不如实向会计师事务所、律师事务所、资产评估机构等中介服务机构提供有关情况和资料，或者与会计师事务所、律师事务所、资产评估机构等中介服务机构串通作假"，造成国有资产损失或者其他严重不良后果的，依据《中华人民共和国公职人员政务处分法》第三十九条的规定，予以警告、记过或者记大过；情节较重的，予以降级或者撤职；情节严重的，予以开除。

《中华人民共和国企业国有资产法》第四十九条规定，国有独资企业、国有独资公司、国有资本控股公司及其董事、监事、高级管理人员应当向资产评估机构如实提供有关情况

和资料，不得与资产评估机构串通评估作价。第七十一条第一款第（五）项规定，国家出资企业的董事、监事、高级管理人员有"不如实向资产评估机构、会计师事务所提供有关情况和资料，或者与资产评估机构、会计师事务所串通出具虚假资产评估报告、审计报告的"，造成国有资产损失的，依法承担赔偿责任；属于国家工作人员的，并依法给予处分。

《中华人民共和国资产评估法》（2016年7月2日第十二届全国人民代表大会常务委员会第二十一次会议通过）第五十二条第一款第（三）、（四）项规定，违反本法规定，委托人在法定评估中有"串通、唆使评估机构或者评估师出具虚假评估报告的"；"不如实向评估机构提供权属证明、财务会计信息和其他资料的"，由有关评估行政管理部门会同有关部门责令改正；拒不改正的，处十万元以上五十万元以下罚款；有违法所得的，没收违法所得；情节严重的，对直接负责的主管人员和其他直接责任人员依法给予处分；造成损失的，依法承担赔偿责任；构成犯罪的，依法追究刑事责任。

《国有资产评估管理办法》（1991年11月16日中华人民共和国国务院令第91号公布 根据2020年11月29日《国务院关于修改和废止部分行政法规的决定》修订）第三十一条规定，占有单位违反本办法的规定，提供虚假情况和资料，或者与资产评估机构串通作弊，致使资产评估结果失实的，国有资产管理行政主管部门可以宣布资产评估结果无效，并可以根据情节轻重，单处或者并处下列处罚：（一）通报批评；（二）限期改正，并可以处以相当于评估费用以下的罚款；（三）提请有关部门对单位主管人员和直接责任人员给予行政处分，并可以处以相当于本人三个月基本工资以下的罚款。

《中华人民共和国会计法》（根据2024年6月28日第十四届全国人民代表大会常务委员会第十次会议《关于修改〈中华人民共和国会计法〉的决定》第三次修正）第二十九条规定，有关法律、行政法规规定，须经注册会计师进行审计的单位，应当向受委托的会计师事务所如实提供会计凭证、会计账簿、财务会计报告和其他会计资料以及有关情况。任何单位或者个人不得以任何方式要求或者示意注册会计师及其所在的会计师事务所出具不实或者不当的审计报告。财政部门有权对会计师事务所出具审计报告的程序和内容进行监督。

从业提醒

所谓"中介机构"，是指依法设立并取得合法资质，运用专业知识和技能，按照一定的业务规则或程序为委托人提供会计、审计、税务、法律、评估、造价咨询等专业服务的中介机构。中介机构及其执业人员，应当依法独立、客观、公正地履行职责，为监管企业提供真实可靠的业务报告。中介机构不准故意提供虚假评估、虚假资信证明、虚假鉴证等文件；如果严重不负责任，出具的评估、证明、鉴证等文件有重大失实，就构成提供虚假证明文件违纪行为，会受到相应处罚。例如，评估机构对企业进行资产评估过程中，如果出具虚假评估报告，将被责令停业六个月以上一年以下；没收违法所得，并处违法所得一倍以上五倍以下罚款；情节严重的，还将被吊销营业执照；构成犯罪的，依法追究刑事责任。

国有企业管理人员必须如实向会计师事务所、律师事务所、资产评估机构等中介机构提供有关情况和相关资料，不得有任何弄虚作假的行为，更不得与会计师事务所、律师事务所、资产评估机构等中介服务机构串通作假，如违反相关规定，造成国有资产损失或者其他严重不良后果的，应当追究相应责任。

7

不得洗钱或者参与洗钱

《国有企业管理人员处分条例》第二十四条第（一）项规定，国有企业管理人员有"洗钱或者参与洗钱"的，依据《中华人民共和国公职人员政务处分法》第三十九条的规定，予以警告、记过或者记大过；情节较重的，予以降级或者撤职；情节严重的，予以开除。

《中华人民共和国刑法》第一百九十一条规定，为掩饰、隐瞒毒品犯罪、黑社会性质的组织犯罪、恐怖活动犯罪、走私犯罪、贪污贿赂犯罪、破坏金融管理秩序犯罪、金融诈骗犯罪的所得及其产生的收益的来源和性质，有下列行为之一的，没收实施以上犯罪的所得及其产生的收益，处五年以下有期徒刑或者拘役，并处或者单处罚金；情节严重的，处五年以上十年以下有期徒刑，并处罚金：（一）提供资金账户的；（二）将财产转换为现金、金融票据、有价证券的；

（三）通过转账或者其他支付结算方式转移资金的；（四）跨境转移资产的；（五）以其他方法掩饰、隐瞒犯罪所得及其收益的来源和性质的。单位犯前款罪的，对单位判处罚金，并对其直接负责的主管人员和其他直接责任人员，依照前款的规定处罚。

从业提醒

洗钱，是指将犯罪或其他非法违法行为所获得的违法收入，通过各种手段掩饰、隐瞒、转化，使其在形式上合法化的行为。洗钱罪，是指行为人违反我国刑法的相关规定，实施上述有关洗钱行为从而构成的犯罪。参与洗钱，是指明知是犯罪或其他非法违法行为所获得的违法收入，通过提供资金账户、协助将财产转换为现金或金融票据、通过转账结算方式协助资金转移、协助将资金汇往境外等方式，掩饰、隐瞒犯罪的违法所得及其收益的性质和来源的行为。

参与洗钱一般有以下几种途径：（1）提供资金账户。这是赃款在金融领域内流转的第一个环节，赃款持有人首先在金融机构开立一个账户，然后才将该赃款汇出境外或开出票据以供使用等。（2）协助将财产转换为现金、金融票据、有价证券。行为人只要明知该财产是上述犯罪所得的，无论采取质押、抵押还是买卖的方式同财产持有人交易,将该财产换为现金或金融票据,即可构成洗钱罪。(3)通过转账或者其他结算方式协助资金转移。将非法资金混杂于合法的现金中,凭借银行支票或其他方法使这笔资金以合法的形式出现,以便用来开办公司、企业,从而使得非法资金具有流动性并获得利润。(4)协助将资金汇往境外。(5)以其他方法掩饰、隐瞒犯罪所得及其收益的来源和性质。主要是指:通过典当、租赁、买卖、投资、拍卖、购买金融产品等方式,转移、转换犯罪所得及其收益的;通过与商场、饭店、娱乐场所等现金密集型场所的经营收入相混合的方式,转移、转换犯罪所得及其收益的;通过虚构交易、虚设债权债务、虚假担保、虚报收入等方式,转移、转换犯罪所得及其收益的;通过买卖彩票、奖券、储值卡、黄金等贵金属等方式,转换犯罪所得及其收益的;通过赌博方式,将犯罪所得及其收益转换为赌博收益的;通过"虚拟资产"交易、金融资产兑换方式,转移、转换犯罪所得及其收益的;以其他方式转移、转换犯罪所得及其收益的。

国有企业管理人员不管是洗钱还是参与洗钱,依据规定,都将给予处分;情节严重的,将被开除。

8

不得非法吸收
公众存款或者变相吸收公众存款

《国有企业管理人员处分条例》第二十四条第（二）项规定，国有企业管理人员有"吸收客户资金不入账，非法吸收公众存款或者变相吸收公众存款"的，依据《中华人民共和国公职人员政务处分法》第三十九条的规定，予以警告、记过或者记大过；情节较重的，予以降级或者撤职；情节严重的，予以开除。

《中华人民共和国商业银行法》（根据2015年8月29日第十二届全国人民代表大会常务委员会第十六次会议《关于修改〈中华人民共和国商业银行法〉的决定》第二次修正）第八十一条第一款规定，未经国务院银行业监督管理机构批准，擅自设立商业银行，或者非法吸收公众存款、变相吸收公众存款，构成犯罪的，依法追究刑事责任；并由国务院银行业监督管理机构予以取缔。

《中华人民共和国刑法》第一百七十六条规定，非法吸收公众存款或者变相吸收公众存款，扰乱金融秩序的，处三年以下有期徒刑或者拘役，并处或者单处罚金；数额巨大或者有其他严重情节的，处三年以上十年以下有期徒刑，并处罚金；数额特别巨大或者有其他特别严重情节的，处十年以上有期徒刑，并处罚金。单位犯前款罪的，对单位判处罚金，并对其直接负责的主管人员和其他直接责任人员，依照前款的规定处罚。有前两款行为，在提起公诉前积极退赃退赔，减少损害结果发生的，可以从轻或者减轻处罚。第一百八十七条规定，银行或者其他金融机构的工作人员吸收客户资金不入账，数额巨大或者造成重大损失的，处五年以下有期徒刑或者拘役，并处二万元以上二十万元以下罚金；数额特别巨大或者造成特别重大损失的，处五年以上有期徒刑，并处五万元以上五十万元以下罚金。单位犯前款罪的，对单位判处罚金，并对其直接负责的主管人员和其他直接责任人员，依照前款的规定处罚。

从业提醒

所谓"吸收客户资金不入账"，是指违反金融法律、法规,不如实将收受的客户资金记入银行等金融机构的账目,账目上反映不出新增加的存款、保证金、委托资金业务,或者与出具给储户的存单、存折上、资金凭证上记载不相符合。根据相关规定,银行或者其他金融机构及其工作人员吸收客户资金不入账,涉嫌下列情形之一的,应予立案追诉:(一)吸收客户资金不入账,数额在一百万元以上的;(二)吸收客户资金不入账,造成直接经济损失数额在二十万元以上的。

所谓"非法吸收公众存款",是指未经国家金融管理机关批准,违反国家金融管理法规,非法吸收公众存款或变相吸收公众存款,扰乱金融秩序的行为。非法吸收公众存款常见于以高额回报为诱饵,通过公开宣传、承诺保本付息等手段,向不特定对象吸收资金。所谓"变相吸收公众存款",是指违反国家金融管理法规非法吸收公众存款,不以吸收公众存款的名义,向社会不特定对象吸收资金,但承诺履行的义务与吸收公众存款性质相同的活动。非法吸收公众存款或者变相吸收公众存款都属于非法金融业务活动。非法吸收或者变相吸收公众存款,具有下列情形之一的,应当依法追究刑事责任:(1)非法吸收或者变相吸收公众存款数额在100万元以上的;(2)非法吸收或者变相吸收公众存款对象150人以上的;(3)非法吸收或者变相吸收公众存款,给存款人造成直接经济损失数额在 50 万元以上的。

  国有企业向不特定对象吸收资金，必须依法取得相应的金融许可或批准。吸收或者变相吸收公众存款，是破坏金融秩序的行为，必须露头就打、从严惩处。国有企业管理人员必须应严格遵守相关法律法规，确保集资行为的合法性，切实维护国家金融管理秩序。

9

不得违规参与或者变相参与民间借贷

《国有企业管理人员处分条例》第二十四条第（二）项规定，国有企业管理人员有"违反规定参与或者变相参与民间借贷"的，依据《中华人民共和国公职人员政务处分法》第三十九条的规定，予以警告、记过或者记大过；情节较重的，予以降级或者撤职；情节严重的，予以开除。

《中国共产党纪律处分条例》第九十九条第二款规定，通过民间借贷等金融活动获取大额回报，可能影响公正执行公务的，情节较重的，给予警告或者严重警告处分；情节严重的，给予撤销党内职务、留党察看或者开除党籍处分。

《国务院关于进一步支持小型微型企业健康发展的意见》（国发〔2012〕14号）规定，有效遏制民间借贷高利贷化倾向以及大型企业变相转贷现象，依法打击非法集资、金融传销等违法活动。严格禁止金融从业人员参与民间借贷。

从业提醒

《中华人民共和国民法典》规定：借款人应当按照约定的期限支付利息、返还借款。借款合同是借款人向贷款人借款，到期返还借款并支付利息的合同。依法成立的合同，受法律保护。禁止高利放贷，借款的利率不得违反国家有关规定。可见，正常的民间借贷行为受法律保护。所谓"民间借贷"，是指自然人、法人和非法人组织之间进行资金融通的行为。所谓"违规借贷"，是指违反国家法律法规、金融监管规定及相关政策进行的借贷活动。违规借贷表面是借钱，实质是借"权"，是以公权谋私利、发不义之财。国有企业管理人员出于亲情、友情等私人感情，将个人或家庭的合法收入出借给确有需要的亲友并在法律允许的范围内收取一定利息，也未影响公正执行公务的，其行为既不违纪，还受法律保护。但是，不得违规参与或者变相参与民间借贷。

正当合法的民间借贷行为一般具有以下特征：第一，出借的资金必须是个人或家庭的合法收入，而非利用职务便利挪用的公款、非法吸收的公众存款或从银行获取的低息贷款等，否则其行为不但构成违纪违法，还可能构成犯罪。第二，借贷双方是平等民事主体之间的关系,而非国有企业管理人员与管理和服务对象之间,或者借贷行为与职权行使有明显关联。值得注意的是,只要借贷行为与行使职权有关联,无论是否发生影响公正执行公务的实际后果,只要存在影响公正执行公务的可能性,均构成违纪违法。如果利用职权或职务上的影响,假借民间借贷的幌子为对方谋取利益或进行利益输送的,还可能构成受贿犯罪。第三,约定的借款期限、利率等是合理的。一般表现为借款期限合理,收取的利息符合正常利率水平等。

10

不得违规发放贷款

《国有企业管理人员处分条例》第二十四条第（三）项规定，国有企业管理人员有"违反规定发放贷款"的，依据《中华人民共和国公职人员政务处分法》第三十九条的规定，予以警告、记过或者记大过；情节较重的，予以降级或者撤职；情节严重的，予以开除。

《中华人民共和国刑法》第一百八十六条第一款、第二款规定，银行或者其他金融机构的工作人员违反国家规定发放贷款，数额巨大或者造成重大损失的，处五年以下有期徒刑或者拘役，并处一万元以上十万元以下罚金；数额特别巨大或者造成特别重大损失的，处五年以上有期徒刑，并处二万元以上二十万元以下罚金。银行或者其他金融机构的工作人员违反国家规定，向关系人发放贷款的，依照前款的规定从重处罚。

从业提醒

违反国家规定发放贷款,数额巨大或者造成重大损失的,即构成违法发放贷款罪。所谓"违反规定",是指违反《中华人民共和国银行业监督管理法》《中华人民共和国商业银行法》《金融违法行为处罚办法》等法律法规,以及《贷款通则》《固定资产贷款管理办法》《流动资金贷款管理办法》《个人贷款管理办法》等国务院部门规章等。这里要注意一个细节,违法发放贷款罪是违反国家规定发放贷款,不是违反法律发放贷款。国家规定里与银行贷款相关的条文较多,稍不留神就有可能构成违法行为。

根据2022年4月印发的《最高人民检察院、公安部关于公安机关管辖的刑事案件立案追诉标准的规定(二)》,银行或者其他金融机构及其工作人员违反国家规定发放贷款,"数额在二百万元以上的"或者"造成直接经济损失数额在五十万元以上的",应予立案追诉。简单来说,违规发放200万元贷款行为或者直接经济损失50万元的损害结果,只要二者具备其一,就可以追罪。即便最后贷款本金及利息全部追回,相关工作人员依然可能被认定为违法发放贷款罪。

11

不得违规对贷款本金减免、停息、减息、缓息、免息等

《国有企业管理人员处分条例》第二十四条第（三）项规定，国有企业管理人员有违反规定"对贷款本金减免、停息、减息、缓息、免息、展期等"的，依据《中华人民共和国公职人员政务处分法》第三十九条的规定，予以警告、记过或者记大过；情节较重的，予以降级或者撤职；情节严重的，予以开除。

从业提醒

借款人应当按约定的日期、数额归还本金并支付利息。不能按期归还贷款的，借款人可以在还款期限届满前向贷款人申请展期，是否同意展期由贷款人决定。贷款人应审慎评

估展期原因和后续还款安排的可能性。同意展期的,应根据借款人还款来源等情况合理确定展期期限,并加强对贷款的后续管理,按照实质风险状况进行风险分类。借款人申请保证贷款、抵押贷款、质押贷款展期的,应当由保证人、抵押人、出质人出具同意的书面证明。已有约定的,按照约定执行。短期贷款展期期限累计不得超过原贷款期限;中期贷款展期期限累计不得超过原贷款期限的一半;长期贷款展期期限累计不得超过3年。国家另有规定者除外。对于停息、减息、缓息、免息,除国务院决定外,任何单位和个人无权决定停息、减息、缓息和免息。贷款人应当依据国务院决定,按照职责权限范围具体办理停息、减息、缓息和免息。国有企业管理人员应切实维护国家和出资人利益,不得违规对贷款本金减免、停息、减息、缓息、免息、展期等。

12
不得违规进行呆账核销

《国有企业管理人员处分条例》第二十四条第（三）项规定，国有企业管理人员有违反规定"进行呆账核销"的，依据《中华人民共和国公职人员政务处分法》第三十九条的规定，予以警告、记过或者记大过；情节较重的，予以降级或者撤职；情节严重的，予以开除。

《财政部关于建立健全企业应收款项管理制度的通知》（财企〔2002〕513号）规定，企业内部管理制度不健全，导致应收款项管理混乱的，或者在生产经营中，恶意经营导致坏账损失的、通过关联交易转移企业财产的、随意核销应收款项给企业造成巨大损失的，或者在资产重组中，逃避应收款项追讨责任导致国有资产流失的、擅自核销国有资本的，各级主管财政机关以及企业国有资本持有人有权予以纠正；对于直接责任人员和其他有关责任人员，应当依照国家有关规定和企业内部管理制度追究责任。

从业提醒

"呆账",是指金融企业承担风险和损失,符合财政部《金融企业呆账核销管理办法》认定条件的债权和股权资产。"核销",是指金融企业将认定的呆账,冲销已计提的资产减值准备或直接调整损益,并将资产冲减至资产负债表外的账务处理方法。金融企业核销呆账应当遵循"符合认定条件、提供有效证据、账销案存、权在力催"的基本原则。对于核销后的呆账,金融企业要继续尽职追偿,尽最大可能实现回收价值最大化。对于发生的呆账,金融企业要统筹风险管理、财务能力、内部控制、审慎合规、尽职追偿等因素,及时从计提的资产减值准备中核销。金融企业核销呆账,要履行内部审核程序,各级行(公司)接到下级行(公司)的申报材料,应当根据内部机构设置和职能分工,组织核销处置、信贷管理、财务会计、法律合规、内控等有关部门进行集体审议,由有权人审批;除法律法规和《金融企业呆账核销管理办法》的规定外,其他任何机构和个人(包括借款人)不得干预、参与金融企业呆账核销运作。

对于非金融国有企业,根据《财政部关于建立健全企业应收款项管理制度的通知》规定，企业在清查核实的基础上，对确实不能收回的各种应收款项应当作为坏账损失，并及时进行处理。属于生产经营期间的，作为本期损益；属于清算期间的，应当作为清算损益。坏账损失处理后，应当依据税法的有关规定向主管税务机关申报，按照会计制度规定的方法进行核算。

国有企业管理人员在呆账核销过程中，必须严格遵循《中华人民共和国企业国有资产法》《中华人民共和国公司法》等相关法律法规的规定，确保核销程序的合法性、合规性，防止国有资产的流失。

七　工作要求方面

13
不得违规处置不良资产

《国有企业管理人员处分条例》第二十四条第（三）项规定，国有企业管理人员有违反规定"处置不良资产"的，依据《中华人民共和国公职人员政务处分法》第三十九条的规定，予以警告、记过或者记大过；情节较重的，予以降级或者撤职；情节严重的，予以开除。

《商业银行金融资产风险分类办法》（中国银行保险监督管理委员会、中国人民银行令2023年第1号）第六条第一款规定，金融资产按照风险程度分为五类，分别为正常类、关注类、次级类、可疑类、损失类，后三类合称不良资产。

从业提醒

不良资产，是指那些无法按时履约或者无法回收本金及利息的资产。不良资产可以分为金融类不良资产和实物类不良资产。金融类不良资产包括逾期贷款、呆账、不良债券等，实物类不良资产包括闲置设备、废旧物资等。对于国有企业和金融机构来说，处理不良资产是一项重要且必须要解决的任务，但是要注意不得违反国家有关规定，否则，不但会影响资产处置工作的顺利开展，还可能被给予相应处分，甚至要承担相应的法律责任。

国有企业化解存量风险和不良资产是国企深化改革、提高质量效益、优化资源配置、防范化解金融风险、推动高质量发展的重要举措。国有企业要加快清理低效无效资产，优化资产结构，提升资产运营效率，推动存量资产的高效利用和保值增值。这不仅有助于国有企业自身的发展，也将为国民经济的高质量发展注入新的动力。

14
不得违规出具金融票证、提供担保

《国有企业管理人员处分条例》第二十四条第（四）项规定，国有企业管理人员有"违反规定出具金融票证、提供担保，对违法票据予以承兑、付款或者保证"的，依据《中华人民共和国公职人员政务处分法》第三十九条的规定，予以警告、记过或者记大过；情节较重的，予以降级或者撤职；情节严重的，予以开除。

《国有企业领导人员廉洁从业若干规定》第四条第（三）项规定，国有企业领导人员应当切实维护国家和出资人利益。不得有滥用职权、损害国有资产权益的"违反规定投资、融资、担保、拆借资金、委托理财、为他人代开信用证、购销商品和服务、招标投标等"行为。

《中华人民共和国刑法》第一百八十八条规定，银行或者其他金融机构的工作人员违反规定，为他人出具信用证或者其他保函、票据、存单、资信证明，情节严重的，处五年以下有期徒刑或者拘役；情节特别严重的，处五年以上有期徒刑。单位犯前款罪的，对单位判处罚金，并对其直接负责的主管人员和其他直接责任人员，依照前款的规定处罚。第一百八十九条规定，银行或者其他金融机构的工作人员在票据业务中，对违反《中华人民共和国票据法》规定的票据予以承兑、付款或者保证，造成重大损失的，处五年以下有期徒刑或者拘役；造成特别重大损失的，处五年以上有期徒刑。单位犯前款罪的，对单位判处罚金，并对其直接负责的主管人员和其他直接责任人员，依照前款的规定处罚。

《中华人民共和国票据法》（1995年5月10日第八届全国人民代表大会常务委员会第十三次会议通过 根据2004年8月28日第十届全国人民代表大会常务委员会第十一次会议《关于修改〈中华人民共和国票据法〉的决定》修正）第一百零四条规定，金融机构工作人员在票据业务中玩忽职守，对违反本法规定的票据予以承兑、付款或者保证的，给予处分；造成重大损失，构成犯罪的，依法追究刑事责任。由于金融机构工作人员因前款行为给当事人造成损失的，由该金融机构和直接责任人员依法承担赔偿责任。

《金融违法行为处罚办法》（1999年1月14日国务院第13次常务会议通过 1999年2月22日中华人民共和国国务

院令第 260 号发布 自发布之日起施行）第十三条第一款规定，金融机构不得出具与事实不符的信用证、保函、票据、存单、资信证明等金融票证。第十四条第一款规定，金融机构对违反《中华人民共和国票据法》规定的票据，不得承兑、贴现、付款或者保证。

从业提醒

"金融票证"，是金融机构从事金融活动的重要工具，也是金融活动中债权或所有权的凭证，包括汇票、本票、支票、信用证、保函、资信证明、存单、信用卡及其他银行结算凭证。"承兑""付款"和"保证"，均系《中华人民共和国票据法》规定的票据行为。"违法票据"，是指违反《中华人民共和国票据法》规定的汇票、本票和支票。金融机构对违反票据法规定的票据，予以承兑、贴现、付款或者保证的，给予警告，没收违法所得，并处罚款；对该金融机构直接负责的高级管理人员、其他直接负责的主管人员和直接责任人员，给予处分；造成资金损失的，对该金融机构直接负责的高级管理人员，给予撤职直至开除；构成对违法票据承兑、付款、保证罪或者其他罪的，依法追究刑事责任。对有票据欺诈行为的，依法追究刑事责任。

票据欺诈主要包括以下行为：（1）伪造、变造票据的；（2）故意使用伪造、变造的票据的；（3）签发空头支票或者故意签发与其预留的本名签名式样或者印鉴不符的支票，骗取财物的；（4）签发无可靠资金来源的汇票、本票，骗取资金的；（5）汇票、本票的出票人在出票时作虚假记载，骗取财物的；（6）冒用他人的票据，或者故意使用过期或者作废的票据，骗取财物的；（7）付款人同出票人、持票人恶意串通，实施前六项所列行为之一的。情节轻微，不构成犯罪的，依照国家有关规定给予处理。

国有企业要加强重大经济金融风险防控，坚决守住不发生系统性风险的底线。国有企业管理人员不得违反规定出具金融票证、提供担保，不得对违法票据予以承兑、付款或者保证，否则，将依法对其予以处分。

15

不得违背受托义务，擅自运用客户资金或委托、信托资产等

《国有企业管理人员处分条例》第二十四条第（五）项规定，国有企业管理人员有"违背受托义务，擅自运用客户资金或者其他委托、信托的资产"的，依据《中华人民共和国公职人员政务处分法》第三十九条的规定，予以警告、记过或者记大过；情节较重的，予以降级或者撤职；情节严重的，予以开除。

《中华人民共和国刑法》第一百八十五条之一规定，商业银行、证券交易所、期货交易所、证券公司、期货经纪公司、保险公司或者其他金融机构，违背受托义务，擅自运用客户资金或者其他委托、信托的财产，情节严重的，对单位判处罚金，并对其直接负责的主管人员和其他直接责任人员，处三年以下有期徒刑或者拘役，并处三万元以上三十万

元以下罚金；情节特别严重的，处三年以上十年以下有期徒刑，并处五万元以上五十万元以下罚金。社会保障基金管理机构、住房公积金管理机构等公众资金管理机构，以及保险公司、保险资产管理公司、证券投资基金管理公司，违反国家规定运用资金的，对其直接负责的主管人员和其他直接责任人员，依照前款的规定处罚。

《中华人民共和国信托法》（2001年4月28日第九届全国人民代表大会常务委员会第二十一次会议通过）第二十六条规定，受托人除依照本法规定取得报酬外，不得利用信托财产为自己谋取利益。受托人违反前款规定，利用信托财产为自己谋取利益的，所得利益归入信托财产。第二十八条规定，受托人不得将其固有财产与信托财产进行交易或者将不同委托人的信托财产进行相互交易，但信托文件另有规定或者经委托人或者受益人同意，并以公平的市场价格进行交易的除外。受托人违反前款规定，造成信托财产损失的，应当承担赔偿责任。

《证券公司监督管理条例》（根据2014年7月29日《国务院关于修改部分行政法规的决定》修订）第五十三条规定，证券公司不得违背受托义务侵占客户担保账户内的证券或者资金。

七　工作要求方面

从业提醒

"信托",是指委托人基于对受托人的信任,将其财产权委托给受托人,由受托人按委托人的意愿以自己的名义,为受益人的利益或者特定目的,进行管理或者处分的行为。客户证券担保账户内的证券和客户资金担保账户内的资金为信托财产。"受托义务"需要依据法律法规的规定、客户的授权,以及与客户之间的协议确定。受托人应当遵守信托文件的规定,为受益人的最大利益处理信托事务。受托人管理信托财产,必须恪尽职守,履行诚实、信用、谨慎、有效管理的义务。商业银行、证券交易所、期货交易所、证券公司、期货公司、保险公司或者其他金融机构,违背受托义务,擅自运用客户资金或者其他委托、信托的财产,涉嫌下列情形之一的,应予立案追诉:(1)擅自运用客户资金或者其他委托、信托的财产数额在三十万元以上的;(2)虽未达到上述数额标准,但多次擅自运用客户资金或者其他委托、信托的财产,或者擅自运用多个客户资金或者其他委托、信托的财产的;(3)其他情节严重的情形。

国有企业管理人员违反规定大额资金运作,可能构成违法运用资金罪、挪用资金罪、滥用职权罪、玩忽职守罪,具体罪名及责任需根据其行为性质、情节及后果综合判断。

16
不得伪造、变造货币、贵金属等

《国有企业管理人员处分条例》第二十四条第（六）项规定，国有企业管理人员有"伪造、变造货币、贵金属、金融票证或者国家发行的有价证券"的，依据《中华人民共和国公职人员政务处分法》第三十九条的规定，予以警告、记过或者记大过；情节较重的，予以降级或者撤职；情节严重的，予以开除。

《中华人民共和国刑法》第一百七十条规定，伪造货币的，处三年以上十年以下有期徒刑，并处罚金；有下列情形之一的，处十年以上有期徒刑或者无期徒刑，并处罚金或者没收财产：（一）伪造货币集团的首要分子；（二）伪造货币数额特别巨大的；（三）有其他特别严重情节的。第一百七十三条规定，变造货币，数额较大的，处三年以下有期徒刑或者拘役，并处或者单处一万元以上十万元以下罚金；数额巨大的，处三年以上十年以下有期徒刑，并处二万元以上二十万元以下罚金。第一百七十七条规定，有下列情形之一，伪造、变造金融票证的，处五年以下有期徒刑或者拘役，并处或者单处二万元以上二十万元以下罚金；情节严重的，处五年以上十年以下有期徒刑，并处五万元以上五十万元以下罚金；情节特别严重的，处十年以上有期徒刑或者无期徒刑，并处五万元以上五十万元以下罚金或者没收财产：（一）伪造、变造汇票、本票、支票的；（二）伪造、变造委托收款凭证、汇款凭证、银行存单等其他银行结算凭证的；（三）伪造、变造信用证或者附随的单据、文件的；（四）伪造信用卡的。单位犯前款罪的，对单位判处罚金，并对其直接负责的主管人员和其他直接责任人员，依照前款的规定处罚。

《中华人民共和国票据法》第十四条规定，票据上的记载事项应当真实，不得伪造、变造。伪造、变造票据上的签章和其他记载事项的，应当承担法律责任。票据上有伪造、变造的签章的，不影响票据上其他真实签章的效力。票据上其他记载事项被变造的，在变造之前签章的人，对原记载事项负责；在变造之后签章的人，对变造之后的记载事项负责；不能辨别是在票据被变造之前或者之后签章的，视同在变造之前签章。第一百零二条第（一）（二）项规定，有"伪造、变造票据""故意使用伪造、变造的票据"等票据欺诈行为的,依法追究刑事责任。

从业提醒

伪造货币和变造货币有一定区别。一是制造要求不同。伪造货币是仿照真货币制作的假货币,它要求的是仿照;而变造货币是对真货币进行加工形成的货币,要求的是从真币中提炼。二是依据不同。伪造货币是无中生有,将非货币物质加工为货币;而变造货币是在原货币基础上加工处理使其虚假增值的货币。三是成分不同。伪造货币没有原币成分,或完全改变形态,如将真实金属币融化铸为面值更大的货币;而变造后的货币,具有原币成分。四是处刑宽严不同。伪造货币可以大量进行,危害大,严重的可处十年以上有期徒刑或者无期徒刑;变造货币数量有限,危害相对小,数额巨大的可处三年以上十年以下有期徒刑。

对伪造货币、变造货币和伪造、变造金融票证的立案追诉标准如下。(一)伪造货币的,涉嫌下列情形之一应予立案:(1)总面额在二千元以上或者币量在二百张(枚)以上的;(2)总面额在一千元以上或者币量在一百张(枚)以上,二年内因伪造货币受过行政处罚,又伪造货币的;(3)制造货币版样或者为他人伪造货币提供版样的；（4）其他伪造货币应予追究刑事责任的情形。（二）变造货币的，涉嫌下列情形之一应予立案：（1）总面额在二千元以上或者币量在二百张（枚）以上的；（2）总面额在一千元以上或者币量在一百张（枚）以上，二年内因变造货币受过行政处罚，又变造货币的；（3）其他变造货币应予追究刑事责任的情形。（三）伪造、变造金融票证的，涉嫌下列情形之一应予立案：（1）伪造、变造汇票、本票、支票，或者伪造、变造委托收款凭证、汇款凭证、银行存单等其他银行结算凭证，或者伪造、变造信用证或者附随的单据、文件，总面额在一万元以上或者数量在十张以上的；（2）伪造信用卡一张以上，或者伪造空白信用卡十张以上的。

  国有企业管理人员伪造、变造货币、贵金属、金融票证或者国家发行的有价证券的行为，危害国家金融安全，破坏金融管理秩序，不仅是经济犯罪，更是危及国家经济安全的重大政治问题。

17
不得伪造、变造、转让、出租、出借金融机构经营许可证等

《国有企业管理人员处分条例》第二十四条第（七）项规定，国有企业管理人员有"伪造、变造、转让、出租、出借金融机构经营许可证或者批准文件，未经批准擅自设立金融机构、发行股票或者债券"的，依据《中华人民共和国公职人员政务处分法》第三十九条的规定，予以警告、记过或者记大过；情节较重的，予以降级或者撤职；情节严重的，予以开除。

《中华人民共和国刑法》第一百七十四条规定，未经国家有关主管部门批准，擅自设立商业银行、证券交易所、期货交易所、证券公司、期货经纪公司、保险公司或者其他金融机构的，处三年以下有期徒刑或者拘役，并处或者单处二万元以上二十万元以下罚金；情节严重的，处三年以上十

年以下有期徒刑，并处五万元以上五十万元以下罚金。伪造、变造、转让商业银行、证券交易所、期货交易所、证券公司、期货经纪公司、保险公司或者其他金融机构的经营许可证或者批准文件的，依照前款的规定处罚。单位犯前两款罪的，对单位判处罚金，并对其直接负责的主管人员和其他直接责任人员，依照第一款的规定处罚。

《银行保险机构许可证管理办法》（中国银行保险监督管理委员会令2021年第3号）第十五条第二款规定，任何单位和个人不得伪造、变造、转让、出租、出借银行保险机构许可证。第十八条第（一）项规定，"转让、出租、出借、伪造、变造许可证"，依照《中华人民共和国银行业监督管理法》《中华人民共和国商业银行法》《中华人民共和国保险法》有关规定进行处罚；法律、行政法规没有规定的，由银保监会及其派出机构责令改正，予以警告，对有违法所得的处以违法所得一倍以上三倍以下罚款，但最高不超过三万元，对没有违法所得的处以一万元以下罚款；构成犯罪的，依法追究刑事责任。

从业提醒

金融经营许可证是指国家金融监督管理总局依法颁发

的特许银行保险机构经营金融业务的法律文件。许可证的颁发、换发、收缴等由国家金融监督管理总局及其授权的派出机构依法行使，其他任何单位和个人不得行使上述职权。金融许可证适用于政策性银行、大型银行、股份制银行、城市商业银行、民营银行、外资银行、农村中小银行机构等银行机构及其分支机构，以及金融资产管理公司、信托公司、企业集团财务公司、金融租赁公司、汽车金融公司、货币经纪公司、消费金融公司、银行理财公司、金融资产投资公司等非银行金融机构及其分支机构。

国有企业管理人员"伪造、变造、转让、出租、出借金融机构经营许可证或者批准文件，未经批准擅自设立金融机构、发行股票或者债券"可能构成伪造、变造、转让金融机构经营许可证、批准文件罪。根据《最高人民检察院、公安部关于公安机关管辖的刑事案件立案追诉标准的规定（二）》的相关规定，伪造、变造、转让商业银行、证券交易所、期货交易所、证券公司、期货公司、保险公司或者其他金融机构的经营许可证或者批准文件的，应予立案追诉。

七　工作要求方面

18

不得编造并且传播影响证券、期货交易的虚假信息等

《国有企业管理人员处分条例》第二十四条第（八）项规定，国有企业管理人员有"编造并且传播影响证券、期货交易的虚假信息，操纵证券、期货市场，提供虚假信息或者伪造、变造、销毁交易记录，诱骗投资者买卖证券、期货合约"的，依据《中华人民共和国公职人员政务处分法》第三十九条的规定，予以警告、记过或者记大过；情节较重的，予以降级或者撤职；情节严重的，予以开除。

《中华人民共和国刑法》第一百八十一条规定，编造并且传播影响证券、期货交易的虚假信息，扰乱证券、期货交易市场，造成严重后果的，处五年以下有期徒刑或者拘役，并处或者单处一万元以上十万元以下罚金。证券交易所、期货交易所、证券公司、期货经纪公司的从业人员，证券业协

会、期货业协会或者证券期货监督管理部门的工作人员，故意提供虚假信息或者伪造、变造、销毁交易记录，诱骗投资者买卖证券、期货合约，造成严重后果的，处五年以下有期徒刑或者拘役，并处或者单处一万元以上十万元以下罚金；情节特别恶劣的，处五年以上十年以下有期徒刑，并处二万元以上二十万元以下罚金。单位犯前两款罪的，对单位判处罚金，并对其直接负责的主管人员和其他直接责任人员，处五年以下有期徒刑或者拘役。

从业提醒

市场行情分析失误与编造并且传播虚假信息有本质上的区别：证券期货经营机构及其工作人员等经常对证券、期货市场的行情发表看法，这些评论往往是依据个人的经验和知识，结合市场行情的走向、有关的数据资料、技术分析作出的判断或者预测。这只是个人之见，其目的是为投资者正确决策提供参考，判断失误在所难免。而编造并且传播虚假信息是通过虚构事实、隐瞒真相等欺诈手段散布信息，造成严重后果的行为。

编造并且传播影响证券、期货交易的虚假信息，扰乱证券、期货交易市场，涉嫌下列情形之一的，应予立案追诉：

（1）获利或者避免损失数额在五万元以上的；（2）造成投资者直接经济损失数额在五十万元以上的；（3）虽未达到上述数额标准，但多次编造并且传播影响证券、期货交易的虚假信息的；（4）致使交易价格或者交易量异常波动的；（5）造成其他严重后果的。

国有企业管理人员编造并且传播影响证券、期货交易的虚假信息，操纵证券、期货市场，提供虚假信息或者伪造、变造、销毁交易记录，诱骗投资者买卖证券、期货合约，要依纪依法严惩；情节严重的，将会被开除；涉嫌违法的，将移送司法机关处理。

19

不得窃取、收买或者非法提供公民个人信息资料

《国有企业管理人员处分条例》第二十四条第（十）项规定，国有企业管理人员有"窃取、收买或者非法提供他人信用卡信息及其他公民个人信息资料"的，依据《中华人民共和国公职人员政务处分法》第三十九条的规定，予以警告、记过或者记大过；情节较重的，予以降级或者撤职；情节严重的，予以开除。

《中华人民共和国公职人员政务处分法》第三十九条第（五）项规定，公职人员有"泄露国家秘密、工作秘密，或者泄露因履行职责掌握的商业秘密、个人隐私的"，造成不良后果或者影响的，予以警告、记过或者记大过；情节较重的，予以降级或者撤职；情节严重的，予以开除。

《中华人民共和国刑法》第一百七十七条之一第二款规

定，窃取、收买或者非法提供他人信用卡信息资料的，处三年以下有期徒刑或者拘役，并处或者单处一万元以上十万元以下罚金；数量巨大或者有其他严重情节的，处三年以上十年以下有期徒刑，并处二万元以上二十万元以下罚金。第三款规定，银行或者其他金融机构的工作人员利用职务上的便利，窃取、收买或者非法提供他人信用卡信息资料的，从重处罚。第二百五十三条之一规定，违反国家有关规定，向他人出售或者提供公民个人信息，情节严重的，处三年以下有期徒刑或者拘役，并处或者单处罚金；情节特别严重的，处三年以上七年以下有期徒刑，并处罚金。违反国家有关规定，将在履行职责或者提供服务过程中获得的公民个人信息，出售或者提供给他人的，依照前款的规定从重处罚。窃取或者以其他方法非法获取公民个人信息的，依照第一款的规定处罚。单位犯前三款罪的，对单位判处罚金，并对其直接负责的主管人员和其他直接责任人员，依照各该款的规定处罚。

《中华人民共和国个人信息保护法》（2021 年 8 月 20 日第十三届全国人民代表大会常务委员会第三十次会议通过）第十条规定，任何组织、个人不得非法收集、使用、加工、传输他人个人信息，不得非法买卖、提供或者公开他人个人信息；不得从事危害国家安全、公共利益的个人信息处理活动。第六十六条规定，违反本法规定处理个人信息，或者处理个人信息未履行本法规定的个人信息保护义务的，由履行个人信息保护职责的部门责令改正，给予警告，没收违法所得，对违法处理个人信息的应用程序，责令暂停或者终止提供服务；拒不改正的，并处一百万元以下罚款；对直接负责的主管人员和其他直接责任人员处一万元以上十万元以下罚款。有前款规定的违法行为，情节严重的，由省级以上履行个人信息保护职责的部门责令改正，没收违法所得，并处五千万元以下或者上一年度营业额百分之五以下罚款，并可以责令暂停相关业务或者停业整顿、通报有关主管部门吊销相关业务许可或者吊销营业执照；对直接负责的主管人员和其他直接责任人员处十万元以上一百万元以下罚款，并可以决定禁止其在一定期限内担任相关企业的董事、监事、高级管理人员和个人信息保护负责人。

从业提醒

个人信息是以电子或者其他方式记录的能够单独或者与其他信息结合识别特定自然人的各种信息，包括自然人的姓名、出生日期、身份证件号码、生物识别信息、住址、电话号码、电子邮箱、健康信息、行踪信息等。个人信息中的私密信息，适用有关隐私权的规定；没有规定的，适用有关个人信息保护的规定。处理个人信息的,应当遵循合法、正当、必要原则,不得过度处理。信息处理者不得泄露或者篡改其收集、存储的个人信息。

向特定人提供他人信用卡信息及其他公民个人信息、通过信息网络或者其他途径发布他人信用卡信息及其他公民个人信息,以及未经被收集者同意,将合法收集的信用卡信息及其他公民个人信息(经过处理无法识别特定个人且不能复原的除外)向他人提供的,均属于《国有企业管理人员处分条例》第二十四条第(十)项规定的"窃取、收买或者非法提供他人信用卡信息及其他公民个人信息资料",并应当分别认定为《中华人民共和国刑法》第一百七十七条之一第二款规定的"提供他人信用卡信息资料"、第二百五十三条之一规定的"提供公民个人信息"。国有企业管理人员不得利用工作便利,泄露、出售他人信息,必须切实维护客户信息安全。

20

不得泄露企业内幕信息或者商业秘密

《国有企业管理人员处分条例》第二十五条第（一）项规定，国有企业管理人员有"泄露企业内幕信息或者商业秘密"，造成不良后果或者影响的，依据《中华人民共和国公职人员政务处分法》第三十九条的规定，予以警告、记过或者记大过；情节较重的，予以降级或者撤职；情节严重的，予以开除。

《中华人民共和国公职人员政务处分法》第三十九条第（五）项规定，公职人员有"泄露国家秘密、工作秘密，或者泄露因履行职责掌握的商业秘密、个人隐私的"，造成不良后果或者影响的，予以警告、记过或者记大过；情节较重的，予以降级或者撤职；情节严重的，予以开除。

《中华人民共和国刑法》第二百一十九条规定，有下列侵犯商业秘密行为之一，情节严重的，处三年以下有期徒刑，并处或者单处罚金；情节特别严重的，处三年以上十年以下有期徒刑，并处罚金：（一）以盗窃、贿赂、欺诈、胁迫、电子侵入或者其他不正当手段获取权利人的商业秘密的；（二）披露、使用或者允许他人使用以前项手段获取的权利人的商业秘密的；（三）违反保密义务或者违反权利人有关保守商业秘密的要求，披露、使用或者允许他人使用其所掌握的商业秘密的。明知前款所列行为，获取、披露、使用或者允许他人使用该商业秘密的，以侵犯商业秘密论。本条所称权利人，是指商业秘密的所有人和经商业秘密所有人许可的商业秘密使用人。

《中华人民共和国反不正当竞争法》（1993年9月2日第八届全国人民代表大会常务委员会第三次会议通过 2025年6月27日第十四届全国人民代表大会常务委员会第十六次会议第二次修订）第十条第一款第（三）、（四）项规定，经营者不得实施"违反保密义务或者违反权利人有关保守商业秘密的要求，披露、使用或者允许他人使用其所掌握的商业秘密"；"教唆、引诱、帮助他人违反保密义务或者违反权利人有关保守商业秘密的要求，获取、披露、使用或者允许他人使用权利人的商业秘密"等侵犯商业秘密的行为。

国有企业管理人员从业提醒

从业提醒

国有企业不仅产生关系国家安全和利益的国家秘密,还会产生大量内幕信息和商业秘密,一旦发生泄密事件,不但会对企业经营和发展造成很大影响,更严重威胁国家安全和利益。国有企业特别是大型国有企业下属单位层级多、分布广,人员多、结构复杂,在上级文件传达落实、涉密人员管理、国家秘密载体管理和涉密项目保密管理等方面存在较多风险隐患。一些国有企业管理人员保密意识淡薄,疏于保密管理,保密制度执行不严,保密要求不明确,保密责任落实不到位,对保密管理问题隐患不闻不问,最终导致泄密,造成严重后果。

国有企业应坚持国家秘密、商业秘密保护并重,全面加强保密管理工作,筑牢安全保密防线,提升防范能力水平,确保国家秘密和商业秘密安全。一方面要严格控制国家秘密和商业秘密信息知悉范围。及时界定涉密信息数据属性,明确区分国家秘密和商业秘密并划定知悉范围,完善保密制度和技术配备,强化涉密办公设备及场所的防护和管理措施;在对外交流合作中,不得随意谈论国家秘密、商业秘密和企业内幕信息,不得擅自对外提供涉密文件资料。另一方面要强化国有企业管理人员保密意识,提高保密工作水平。国有企业管理人员应高度重视保密工作,增强保密责任心,贯彻落实保密法律法规,依法履行保密管理职责,强化保密防范技能;不在社交媒体平台或公共场合泄露企业内幕信息和商业秘密,如遇有人通过攀老乡、攀校友等套近乎时,要提高警惕,一旦发现对方有刺探、收买企业内幕信息或者商业秘密的意图,要及时向单位或有关机关报告,确保国家秘密和商业秘密绝对安全。

21
不得伪造、变造、转让、出租、出借行政许可证件等

《国有企业管理人员处分条例》第二十五条第（二）项规定，国有企业管理人员有"伪造、变造、转让、出租、出借行政许可证件、资质证明文件，或者出租、出借国有企业名称或者企业名称中的字号"，造成不良后果或者影响的，依据《中华人民共和国公职人员政务处分法》第三十九条的规定，予以警告、记过或者记大过；情节较重的，予以降级或者撤职；情节严重的，予以开除。

《中华人民共和国行政许可法》（2003年8月27日第十届全国人民代表大会常务委员会第四次会议通过 根据2019年4月23日第十三届全国人民代表大会常务委员会第十次会议《关于修改〈中华人民共和国建筑法〉等八部法律的决定》修正）第八十条第（一）项规定，被许可人有"涂改、

倒卖、出租、出借行政许可证件，或者以其他形式非法转让行政许可的"，行政机关应当依法给予行政处罚；构成犯罪的，依法追究刑事责任。

▎从业提醒▎

行政许可，是指行政机关根据公民、法人或者其他组织的申请，经依法审查，准予其从事特定活动的行为。行政许可证件一般包括以下四种证件：（1）许可证、执照或者其他许可证书；（2）资格证、资质证或者其他合格证书；（3）行政机关的批准文件或者证明文件；（4）法律、法规规定的其他行政许可证件。出租、出借国有企业名称或者企业名称中的字号，是指将国有企业或企业的字号这一特定标识性名称，以租赁或出借的方式允许他人使用的行为。企业名称权是企业依法享有的独占使用权，任何单位或个人未经授权不得擅自使用。若出租、出借行为导致企业名称被滥用或产生不良后果，出租方或出借方可能需承担相应的法律责任。

国有企业管理人员伪造、变造、转让、出租、出借行政许可证件、资质证明文件，或者出租、出借国有企业名称或者企业名称中的字号，造成不良后果或者影响的，要依规依法给予处分，严重的开除公职，构成犯罪的，依法追究刑事责任。同时，公民、法人或者其他组织未经行政许可，擅自从事依法应当取得行政许可的活动的，行政机关应当依法采取措施予以制止，并依法给予行政处罚；构成犯罪的，依法追究刑事责任。

七　工作要求方面

22

不得违规举借或者
变相举借地方政府债务

《国有企业管理人员处分条例》第二十五条第（三）项规定，国有企业管理人员有"违反规定，举借或者变相举借地方政府债务"，造成不良后果或者影响的，依据《中华人民共和国公职人员政务处分法》第三十九条的规定，予以警告、记过或者记大过；情节较重的，予以降级或者撤职；情节严重的，予以开除。

《中华人民共和国预算法》第三十五条第一款规定，地方各级预算按照量入为出、收支平衡的原则编制，除本法另有规定外，不列赤字。第九十四条规定，各级政府、各部门、各单位违反本法规定举借债务或者为他人债务提供担保，或者挪用重点支出资金，或者在预算之外及超预算标准建设楼堂馆所的，责令改正，对负有直接责任的主管人员和其他直接责任人员给予撤职、开除的处分。

《中华人民共和国预算法实施条例》(1995年11月22日中华人民共和国国务院令第186号发布 2020年8月3日中华人民共和国国务院令第729号修订)第九十四条第(一)项规定,各级政府、有关部门和单位有"突破一般债务限额或者专项债务限额举借债务"的,责令改正;对负有直接责任的主管人员和其他直接责任人员,依法给予处分。

《国务院关于加强地方政府性债务管理的意见》(国发〔2014〕43号)规定,明确划清政府与企业界限,政府债务只能通过政府及其部门举借,不得通过企事业单位等举借。

从业提醒

"地方政府债务",是指地方政府通过发行地方政府债券举借的债务,包括一般债务债券和专项债务债券。其中,一般债务,是指列入一般公共预算用于公益性事业发展的一般债券、地方政府负有偿还责任的外国政府和国际经济组织贷款转贷债务;专项债务,是指列入政府性基金预算用于有收益的公益性事业发展的专项债券。经国务院批准的省、自治区、直辖市的预算中必需的建设投资的部分资金,可以在国务院确定的限额内,通过发行地方政府债券举借债务的方式筹措。举借债务的规模，由国务院报全国人民代表大会或者全国人民代表大会常务委员会批准。省、自治区、直辖市依照国务院下达的限额举借的债务，列入本级预算调整方案，报本级人民代表大会常务委员会批准。举借的债务应当有偿还计划和稳定的偿还资金来源，只能用于公益性资本支出，不得用于经常性支出。地方政府及其所属部门不得以任何方式举借债务。除法律另有规定外，地方政府及其所属部门不得为任何单位和个人的债务以任何方式提供担保。国务院建立地方政府债务风险评估和预警机制、应急处置机制以及责任追究制度。国务院财政部门对地方政府债务实施监督。

国有企业管理人员不得违反规定，举借或者变相举借地方政府债务，否则，造成不良后果或者影响的，要依规依法对其进行处理。

23
警惕在国境外违规造成
重大工程质量问题等

《国有企业管理人员处分条例》第二十五条第（四）项规定，国有企业管理人员有"在中华人民共和国境外违反规定造成重大工程质量问题、引起重大劳务纠纷或者其他严重后果"，造成不良后果或者影响的，依据《中华人民共和国公职人员政务处分法》第三十九条的规定，予以警告、记过或者记大过；情节较重的，予以降级或者撤职；情节严重的，予以开除。

《对外承包工程管理条例》（2008年7月21日中华人民共和国国务院令第527号公布 根据2017年3月1日《国务院关于修改和废止部分行政法规的决定》修订）第二十条第（一）项规定，对外承包工程的单位有"未建立并严格执行工程质量和安全生产管理的规章制度的"，由商务主管部门责令改正，处以罚款，对其主要负责人处以罚款；拒不改正的，商务主管部门可以禁止其在 1 年以上 3 年以下的期限内对外承包新的工程项目；造成重大工程质量问题、发生较大事故以上生产安全事故或者造成其他严重后果的，建设主管部门或者其他有关主管部门可以降低其资质等级或者吊销其资质证书。第二十一条第一款第（二）项规定，对外承包工程的单位有"未与分包单位订立专门的工程质量和安全生产管理协议，或者未在分包合同中约定各自的工程质量和安全生产管理责任，或者未对分包单位的工程质量和安全生产工作统一协调、管理的"，由商务主管部门责令改正，处以罚款，对其主要负责人处以罚款；拒不改正的，商务主管部门可以禁止其在 2 年以上 5 年以下的期限内对外承包新的工程项目；造成重大工程质量问题、发生较大事故以上生产安全事故或者造成其他严重后果的，建设主管部门或者其他有关主管部门可以降低其资质等级或者吊销其资质证书。第二款规定，分包单位将其承包的工程项目转包或者再分包的，由建设主管部门责令改正，依照前款规定的数额对分包单位及其主要负责人处以罚款；造成重大工程质量问题，或者发生较大事故以上生产安全事故的，建设主管部门或者其他有关主管部门可以降低其资质等级或者吊销其资质证书。

国有企业管理人员从业提醒

从业提醒

国有企业开展对外承包工程不得损害我国国家安全和国家利益，不得违反我国法律和我国缔结或者参加的国际条约、协定，应当遵守项目所在国（地区）法律，加强风险防范，避免不正当竞争，履行社会责任，树立良好形象。

国有企业应加强对对外承包工程质量和安全生产的管理，建立、健全并严格执行工程质量和安全生产管理的规章制度。对外承包工程的单位将工程项目分包的，应当与分包单位订立专门的工程质量和安全生产管理协议，或者在分包合同中约定各自的工程质量和安全生产管理责任，并对分包单位的工程质量和安全生产工作统一协调、管理。对外承包工程的单位不得将工程项目分包给不具备国家规定的相应资质的单位；工程项目的建筑施工部分不得分包给未依法取得安全生产许可证的境内建筑施工企业。同时，对外承包工程的单位应当在分包合同中明确约定分包单位不得将工程项目转包或者再分包，并负责监督。对外承包工程的单位应当依法与其招用的外派人员订立劳动合同，按照合同约定向外派人员提供工作条件和支付报酬，履行用人单位义务。国有企业管理人员在境外违反规定造成重大工程质量问题、引起重大劳务纠纷或者其他严重后果，造成不良后果或者影响的，要依照规定给予相应处分。

24
必须依法履行安全生产管理职责

《国有企业管理人员处分条例》第二十五条第（五）项规定，国有企业管理人员有"不履行或者不依法履行安全生产管理职责，导致发生生产安全事故"，造成不良后果或者影响的，依据《中华人民共和国公职人员政务处分法》第三十九条的规定，予以警告、记过或者记大过；情节较重的，予以降级或者撤职；情节严重的，予以开除。

《中华人民共和国安全生产法》（2002年6月29日第九届全国人民代表大会常务委员会第二十八次会议通过 根据2021年6月10日第十三届全国人民代表大会常务委员会第二十九次会议《关于修改〈中华人民共和国安全生产法〉的决定》第三次修正）第九十五条规定，生产经营单位的主要负责人未履行本法规定的安全生产管理职责，导致发生生产安全事故的，由应急管理部门依照下列规定处以罚款：（一）发生一般事故的，处上一年年收入百分之四十的罚款；（二）发生较大事故的，处上一年年收入百分之六十的罚款；（三）发生重大事故的，处上一年年收入百分之八十的罚款；（四）发生特别重大事故的，处上一年年收入百分之一百的罚款。第九十六条规定，生产经营单位的其他负责人和安全生产管理人员未履行本法规定的安全生产管理职责的，责令限期改正，处一万元以上三万元以下的罚款；导致发生生产安全事故的，暂停或者吊销其与安全生产有关的资格，并处上一年年收入百分之二十以上百分之五十以下的罚款；构成犯罪的，依照《中华人民共和国刑法》有关规定追究刑事责任。

《生产安全事故罚款处罚规定》（2024年1月10日中华人民共和国应急管理部令第14号公布，自2024年3月1日起施行）第十九条规定，事故发生单位主要负责人未依法履行安全生产管理职责，导致事故发生的，依照下列规定处以罚款：（一）发生一般事故的，处上一年年收入40%的罚款；（二）发生较大事故的，处上一年年收入60%的罚款；（三）发生重大事故的，处上一年年收入80%的罚款；（四）发生特别重大事故的，处上一年年收入100%的罚款。

《建设工程安全生产管理条例》（2003年11月24日中

华人民共和国国务院令第 393 号公布）第六十六条第一款规定，违反本条例的规定，施工单位的主要负责人、项目负责人未履行安全生产管理职责的，责令限期改正；逾期未改正的，责令施工单位停业整顿；造成重大安全事故、重大伤亡事故或者其他严重后果，构成犯罪的，依照《中华人民共和国刑法》有关规定追究刑事责任。

《建筑施工企业主要负责人、项目负责人和专职安全生产管理人员安全生产管理规定》（2014 年 6 月 25 日中华人民共和国住房和城乡建设部令第 17 号发布 自 2014 年 9 月 1 日起施行）第三十二条规定，主要负责人、项目负责人未按规定履行安全生产管理职责的，由县级以上人民政府住房城乡建设主管部门责令限期改正；逾期未改正的，责令建筑施工企业停业整顿；造成生产安全事故或者其他严重后果的，按照《生产安全事故报告和调查处理条例》的有关规定，依法暂扣或者吊销安全生产考核合格证书；构成犯罪的，依法追究刑事责任。主要负责人、项目负责人有前款违法行为，尚不够刑事处罚的，处 2 万元以上 20 万元以下的罚款或者按照管理权限给予撤职处分；自刑罚执行完毕或者受处分之日起，5 年内不得担任建筑施工企业的主要负责人、项目负责人。

国有企业管理人员从业提醒

从业提醒

国有企业的安全生产工作应当以人为本,坚持人民至上、生命至上,把保护人民生命安全摆在首位,树牢安全发展理念,坚持安全第一、预防为主、综合治理的方针,从源头上防范化解重大安全风险,践行总体国家安全观,切实履行国有资产出资人安全生产监管职责,全面落实安全生产主体责任,建立安全生产长效机制,防止和减少生产安全事故,保障国有企业员工和人民群众生命财产安全。

国有企业领导人员应当全面履行《中华人民共和国安全生产法》规定的以下职责:(1)建立健全并落实本企业全员安全生产责任制,加强安全生产标准化建设;(2)组织制定并实施本企业安全生产规章制度和操作规程;(3)组织制定并实施本企业安全生产教育和培训计划;(4)保证本企业安全生产投入的有效实施;(5)组织建立并落实安全风险分级管控和隐患排查治理双重预防工作机制,督促、检查本企业的安全生产工作,及时消除生产安全事故隐患;(6)组织制定并实施本企业的生产安全事故应急救援预案;(7)及时、如实报告生产安全事故。

国有企业要落实主体责任,强化安全生产管理,将较大及以上生产安全责任事故纳入企业负责人经营业绩考核。国有企业管理人员不履行或者不依法履行安全生产管理职责,导致发生生产安全事故,造成不良后果或者影响的,要依法对其予以处分。

25

不得搞形式主义、官僚主义

《国有企业管理人员处分条例》第二十五条第（六）项规定，国有企业管理人员有"在工作中有敷衍应付、推诿扯皮，或者片面理解、机械执行党和国家路线方针政策、重大决策部署等形式主义、官僚主义行为"，造成不良后果或者影响的，依据《中华人民共和国公职人员政务处分法》第三十九条的规定，予以警告、记过或者记大过；情节较重的，予以降级或者撤职；情节严重的，予以开除。

《中国共产党纪律处分条例》第一百三十二条规定，有下列行为之一，造成严重损害或者严重不良影响的，对直接责任者和领导责任者，给予警告或者严重警告处分；情节较重的，给予撤销党内职务或者留党察看处分；情节严重的，给予开除党籍处分：（一）热衷于搞舆论造势、浮在表面；（二）单纯以会议贯彻会议、以文件落实文件，在实际工作中不见诸行动；（三）脱离实际，不作深入调查研究，搞随意决策、机械执行；（四）违反精文减会有关规定搞文山会海；（五）在督查检查考核等工作中搞层层加码、过度留痕，增加基层工作负担；（六）工作中其他形式主义、官僚主义行为。

《中华人民共和国公职人员政务处分法》第三十九条第（四）项规定，公职人员有"工作中有弄虚作假，误导、欺骗行为"，造成不良后果或者影响的，予以警告、记过或者记大过；情节较重的，予以降级或者撤职；情节严重的，予以开除。

从业提醒

习近平总书记在二十届中央纪委三次全会上强调，着力整治形式主义、官僚主义。党的十八大以来，以习近平同志为核心的党中央从制定和落实中央八项规定开局破题，持之以恒正风肃纪反腐，以钉钉子精神纠治"四风"，推动党风、政风、社会风气发生根本性变化。

中央纪委办公厅印发《关于贯彻落实习近平总书记重要指示精神 集中整治形式主义、官僚主义的工作意见》，全面启动集中整治形式主义、官僚主义工作。中共中央办公厅印发《关于统筹规范督查检查考核工作的通知》《关于解决形式主义突出问题为基层减负的通知》，进一步改进工作作风，坚决克服形式主义、官僚主义。2024年8月，中共中央办公厅、国务院办公厅印发《整治形式主义为基层减负若干规定》，首次以党内法规形式制定出台整治形式主义为基层减负的制度规范，将形成类似中央八项规定长期有效的铁规矩、硬杠杠，向全党全社会表明持之以恒一抓到底的鲜明态度。

现实中，还有部分国有企业管理人员在工作中存在敷衍应付、推诿扯皮，或者片面理解、机械执行党和国家路线方针政策、重大决策部署等现象，导致抓落实大打折扣，甚至走了样、落了空。国有企业管理人员要从讲政治的高度深刻认识形式主义、官僚主义的危害，自觉摒弃和抵制形式主义、官僚主义，在各项工作中深入实际、深入基层、深入群众，在出实招、办实事、求实效上下功夫，以求真务实的工作作风取信于民，推进事业发展。

26

不得拒绝、阻挠、拖延依法开展的监督工作

《国有企业管理人员处分条例》第二十五条第（七）项规定，国有企业管理人员有"拒绝、阻挠、拖延依法开展的出资人监督、审计监督、财会监督工作，或者对出资人监督、审计监督、财会监督发现的问题拒不整改、推诿敷衍、虚假整改"，造成不良后果或者影响的，依据《中华人民共和国公职人员政务处分法》第三十九条的规定，予以警告、记过或者记大过；情节较重的，予以降级或者撤职；情节严重的，予以开除。

从业提醒

国有资产监管机构要坚持出资人管理和监督的有机统一，

进一步加强出资人监督。健全国有企业规划投资、改制重组、产权管理、财务评价、业绩考核、选人用人、薪酬分配等规范国有资本运作、防止流失的制度。加大对国有资产监管制度执行情况的监督力度，定期开展对各业务领域制度执行情况的检查，针对不同时期的重点任务和突出问题不定期开展专项抽查。

审计监督要坚持应审尽审、凡审必严，在贯彻执行党和国家重大方针政策、国资监管工作要求、完成国企改革重点任务、领导人员履行经济责任以及管理、使用和运营国有资本情况等方面全面规范开展各类审计监督，重点关注深化国有企业改革进程中的苗头性、倾向性、典型性问题。根据规定，对所属子企业确保每 5 年至少轮审 1 次；对重大投资项目、重大风险领域和重要子企业实施重点审计，确保每年至少 1 次。企业可以根据审计工作需要，规范购买社会审计服务开展相关工作。

财会监督是依法依规对国家机关、企事业单位、其他组织和个人的财政、财务、会计活动实施的监督。要进一步加强对国有企业、上市公司、金融企业等的财务、会计行为的监督，严肃查处财务数据造假、出具"阴阳报告"、内部监督失效等突出问题。

国有企业管理人员对依法开展的出资人监督、审计监督、财会监督等，要认真对待、积极配合，对监督过程中发现的问题要高度重视，做到条条要整改、件件有着落，不要推诿敷衍或虚假整改，否则，对造成不良后果或者影响的人员，要依规依法给予处分，严重的开除公职。

27

必须履行信息披露义务

《国有企业管理人员处分条例》第二十五条第（八）项规定，国有企业管理人员有"不依法提供有关信息、报送有关报告或者履行信息披露义务，或者配合其他主体从事违法违规行为"，造成不良后果或者影响的，依据《中华人民共和国公职人员政务处分法》第三十九条的规定，予以警告、记过或者记大过；情节较重的，予以降级或者撤职；情节严重的，予以开除。

《中华人民共和国刑法》第一百六十一条规定，依法负有信息披露义务的公司、企业向股东和社会公众提供虚假的或者隐瞒重要事实的财务会计报告，或者对依法应当披露的其他重要信息不按照规定披露，严重损害股东或者其他人利益，或者有其他严重情节的，对其直接负责的主管人员和其他直接责任人员，处五年以下有期徒刑或者拘役，并处或者单处罚金；情节特别严重的，处五年以上十年以下有期徒刑，并处罚金。前款规定的公司、企业的控股股东、实际控制人实施或者组织、指使实施前款行为的，或者隐瞒相关事项导致前款规定的情形发生的，依照前款的规定处罚。犯前款罪的控股股东、实际控制人是单位的，对单位判处罚金，并对其直接负责的主管人员和其他直接责任人员，依照第一款的规定处罚。

从业提醒

企业依法应当披露的信息包括：上市公司的定期报告、临时报告、招股说明书、募集说明书、上市公告书等文件；金融机构的财务会计报告、风险管理状况、董事和高级管理人员变更以及其他重大事项等信息及基金信息、实际控制人、控股股东等。"依法应当披露的信息不按照规定披露"的行为，是指违反法律、行政法规等对信息披露的规定，不披露或者进行虚假披露，如作虚假记载、误导性陈述或者有重大遗漏等。

根据《最高人民检察院、公安部关于公安机关管辖的刑事案件立案追诉标准的规定（二）》的相关规定，依法负有信息披露义务的公司、企业向股东和社会公众提供虚假的或者隐瞒重要事实的财务会计报告，或者对依法应当披露的其他重要信息不按照规定披露，涉嫌下列情形之一的，应予立案追诉：（一）造成股东、债权人或者其他人直接经济损失数额累计在一百万元以上的；（二）虚增或者虚减资产达到当期披露的资产总额百分之三十以上的；（三）虚增或者虚减营业收入达到当期披露的营业收入总额百分之三十以上的；（四）虚增或者虚减利润达到当期披露的利润总额百分之三十以上的；（五）未按照规定披露的重大诉讼、仲裁、担保、关联交易或者其他重大事项所涉及的数额或者连续十二个月的累计数额达到最近一期披露的净资产百分之五十以上的；（六）致使不符合发行条件的公司、企业骗取发行核准或者注册并且上市交易的；（七）致使公司、企业发行的股票或者公司、企业债券、存托凭证或者国务院依法认定的其他证券被终止上市交易的；（八）在公司财务会计报告中将亏损披露为盈利，或者将盈利披露为亏损的；（九）多次提供虚假的或者隐瞒重要事实的财务会计报告，或者多次对依法应当披露的其他重要信息不按照规定披露的；（十）其他严重损害股东、债权人或者其他人利益，或者有其他严重情节的情形。

　　国有企业应依法合规经营、提高企业透明度、提升公司治理水平、增强企业竞争力，增强信息公开的主动性、规范性和时效性。国有企业管理人员应依法提供有关信息、报送有关报告或者履行信息披露义务,不得有虚假记载、误导性陈述或者重大遗漏。

28

不得侵犯劳动者合法权益

《国有企业管理人员处分条例》第二十五条第（九）项规定，国有企业管理人员有"不履行法定职责或者违法行使职权，侵犯劳动者合法权益"，造成不良后果或者影响的，依据《中华人民共和国公职人员政务处分法》第三十九条的规定，予以警告、记过或者记大过；情节较重的，予以降级或者撤职；情节严重的，予以开除。

《国有企业领导人员廉洁从业若干规定》第八条第（六）项规定，国有企业领导人员应当加强作风建设，注重自身修养，增强社会责任意识，树立良好的公众形象。不得有"漠视职工正当要求，侵害职工合法权益"的行为。

《中华人民共和国劳动法》（1994年7月5日第八届全国人民代表大会常务委员会第八次会议通过 根据2018年12月29日第十三届全国人民代表大会常务委员会第七次会议

《关于修改〈中华人民共和国劳动法〉等七部法律的决定》第二次修正）第九十一条规定，用人单位有下列侵害劳动者合法权益情形之一的，由劳动行政部门责令支付劳动者的工资报酬、经济补偿，并可以责令支付赔偿金：（一）克扣或者无故拖欠劳动者工资的；（二）拒不支付劳动者延长工作时间工资报酬的；（三）低于当地最低工资标准支付劳动者工资的；（四）解除劳动合同后，未依照本法规定给予劳动者经济补偿的。第一百零五条规定，违反本法规定侵害劳动者合法权益，其他法律、行政法规已规定处罚的，依照该法律、行政法规的规定处罚。

从业提醒

国有企业应当严格遵守法律规定，履行对劳动者的法定义务，不得侵害劳动者合法权益。常见的侵犯劳动者合法权益的现象有：签订劳动合同不规范或者故意拖延不订立劳动合同；克扣或者无故拖欠劳动者工资；违反劳动法规定，延长劳动者工作时间；用人单位的劳动安全设施和劳动卫生条件不符合国家规定或者未向劳动者提供必要的劳动防护用品和劳动保护设施；强令劳动者违章冒险作业；非法招用未满十六周岁的未成年人；无故不缴纳社会保险费；等等。这些行为，轻则违纪，重则违法，情节恶劣造成严重后果的，处以刑罚。

国有企业是社会稳定的"压舱石"，承担着广泛的社会责任，包括保障员工的合法权益、关注员工的生产生活、促进社会的和谐稳定等。国有企业管理人员要切实实现好、维护好、发展好劳动者合法权益，不断提升广大劳动群众的获得感、幸福感、安全感，让劳动者更有保障、更有尊严。

29

不得违规拒绝或者迟付中小企业款项、农民工工资等

《国有企业管理人员处分条例》第二十五条第（十）项规定，国有企业管理人员有"违反规定，拒绝或者延迟支付中小企业款项、农民工工资等"，造成不良后果或者影响的，依据《中华人民共和国公职人员政务处分法》第三十九条的规定，予以警告、记过或者记大过；情节较重的，予以降级或者撤职；情节严重的，予以开除。

《保障中小企业款项支付条例》（2020年7月5日中华人民共和国国务院令第728号公布 2025年3月17日中华人民共和国国务院令第802号修订）第七条第一款规定，机关、事业单位和大型企业不得要求中小企业接受不合理的付款期限、方式、条件和违约责任等交易条件，不得拖欠中小企业的货物、工程、服务款项。第九条第二款规定，大型企

业从中小企业采购货物、工程、服务，应当自货物、工程、服务交付之日起 60 日内支付款项；合同另有约定的，从其约定，但应当按照行业规范、交易习惯合理约定付款期限并及时支付款项，不得约定以收到第三方付款作为向中小企业支付款项的条件或者按照第三方付款进度比例支付中小企业款项。第十八条第二款规定，大型企业应当将逾期尚未支付中小企业款项的合同数量、金额等信息纳入企业年度报告，依法通过国家企业信用信息公示系统向社会公示。第十九条规定，大型企业应当将保障中小企业款项支付工作情况，纳入企业风险控制与合规管理体系，并督促其全资或者控股子公司及时支付中小企业款项。第三十三条第一款规定，国有大型企业拖欠中小企业款项，造成不良后果或者影响的，对负有责任的国有企业管理人员依法给予处分。

《保障农民工工资支付条例》（2019 年 12 月 4 日国务院第 73 次常务会议通过 2019 年 12 月 30 日中华人民共和国国务院令第 724 号公布 自 2020 年 5 月 1 日起施行）第三条第一款规定，农民工有按时足额获得工资的权利。任何单位和个人不得拖欠农民工工资。第四十八条规定，用人单位拖欠农民工工资，情节严重或者造成严重不良社会影响的，有关部门应当将该用人单位及其法定代表人或者主要负责人、直接负责的主管人员和其他直接责任人员列入拖欠农民工工资失信联合惩戒对象名单，在政府资金支持、政府采购、招投标、融资贷款、市场准入、税收优惠、评优评先、交通出行等方面依法依规予以限制。拖欠农民工工资需要列入失信联合惩戒名单的具体情形，由国务院人力资源社会保障行政部门规定。

《拖欠农民工工资失信联合惩戒对象名单管理暂行办法》（2021年11月10日中华人民共和国人力资源和社会保障部令第45号公布 自2022年1月1日起施行）第五条规定，用人单位拖欠农民工工资，具有下列情形之一，经人力资源社会保障行政部门依法责令限期支付工资，逾期未支付的，人力资源社会保障行政部门应当作出列入决定，将该用人单位及其法定代表人或者主要负责人、直接负责的主管人员和其他直接责任人员列入失信联合惩戒名单：（一）克扣、无故拖欠农民工工资达到认定拒不支付劳动报酬罪数额标准的；（二）因拖欠农民工工资违法行为引发群体性事件、极端事件造成严重不良社会影响的。

从业提醒

中小企业，是指在中华人民共和国境内依法设立，依据国务院批准的中小企业划分标准确定的中型企业、小型企业和微型企业。当前，我国经济恢复的基础尚不牢固，需求收缩、供给冲击、预期转弱三重压力仍然较大，外部环境动荡不安。中小企业在经营成本、市场需求、要素保障、政策环境、资金回笼等方面面临的困难和挑战明显增多，已成为重大宏观经济问题。党中央、国务院对此高度重视，中央经济工作会议、国务院常务会议作出重要部署，要求强化契约精神，有效治理恶意拖欠账款。在复杂严峻的国内外环境下，部分行业欠薪问题也有所抬头，经营不善、拖欠账款等非工程建设领域的欠薪问题有所增多。一些地方还出现了变相欠薪现象，如以购物卡、代金券、库存产品等支付工资。农民工为国家建设发展作出了重大而独特贡献，必须保证他们的辛劳获得及时足额的报酬。国有企业要按照规定做好清欠工作，深入排查拖欠隐患，妥善做好资金安排，及时足额支付民营企业、中小企业账款，农民工工资等，确保无分歧欠款"零拖欠"。

30
不得滥用职权、损害国有资产权益

《中国共产党纪律处分条例》第二十九条规定，党组织在纪律审查中发现党员有贪污贿赂、滥用职权、玩忽职守、权力寻租、利益输送、徇私舞弊、浪费国家资财等违反法律涉嫌犯罪行为的，应当给予撤销党内职务、留党察看或者开除党籍处分。第九十四条第一款规定，党员干部必须正确行使人民赋予的权力，清正廉洁，反对特权思想和特权现象，反对任何滥用职权、谋求私利的行为。

《国有企业领导人员廉洁从业若干规定》第四条规定，国有企业领导人员应当切实维护国家和出资人利益。不得有滥用职权、损害国有资产权益的下列行为：（一）违反决策原则和程序决定企业生产经营的重大决策、重大人事任免、重大项目安排及大额度资金运作事项；（二）违反规定办理企业改制、兼并、重组、破产、资产评估、产权交易等事项;(三)违反规定投资、融资、担保、拆借资金、委托理财、为他人代开信用证、购销商品和服务、招标投标等;(四)未经批准或者经批准后未办理保全国有资产的法律手续,以个人或者其他名义用企业资产在国(境)外注册公司、投资入股、购买金融产品、购置不动产或者进行其他经营活动;(五)授意、指使、强令财会人员进行违反国家财经纪律、企业财务制度的活动;(六)未经履行国有资产出资人职责的机构和人事主管部门批准,决定本级领导人员的薪酬和住房补贴等福利待遇;(七)未经企业领导班子集体研究,决定捐赠、赞助事项,或者虽经企业领导班子集体研究但未经履行国有资产出资人职责的机构批准,决定大额捐赠、赞助事项;(八)其他滥用职权、损害国有资产权益的行为。

从业提醒

国有企业是中国特色社会主义的重要物质基础和政治基础,是中国特色社会主义经济的"顶梁柱"。国有企业应高度重视党风廉政建设,积极构建企业管党治党责任体系,强化日常教育监督管理,着力防范企业运营廉政风险,推进全面从严治党在国有企业落实落地,为企业的改革发展稳定提供坚强保障。任何滥用职权、损害国有资产权益的行为,都是以损害国有企业为代价,换取企业领导人员私自的利益,严重的时候,既毁了个人,也搞垮了企业。

  国有企业管理人员肩负着经营管理国有资产、实现保值增值的重要责任,应忠实维护国家利益和出资人利益,遵守国家法律法规和企业规章制度,按照组织程序,依法经营、廉洁从业、诚实守信、勤勉敬业,切不可滥用手中的权力,去做损害国有资产权益和职工群众利益的事情。

31
依法履职，切勿造成企业国有资产损失

《中国共产党纪律处分条例》第二十八条规定，对违法犯罪的党员，应当按照规定给予党纪处分，做到适用纪律和适用法律有机融合，党纪政务等处分相匹配。第三十条第二款规定，违反国家财经纪律，在公共资金收支、税务管理、国有资产管理、政府采购管理、金融管理、财务会计管理等财经活动中有违法行为的，依照前款规定处理。

《中华人民共和国刑法》第一百六十七条规定，国有公司、企业、事业单位直接负责的主管人员，在签订、履行合同过程中，因严重不负责任被诈骗，致使国家利益遭受重大损失的，处三年以下有期徒刑或者拘役；致使国家利益遭受特别重大损失的，处三年以上七年以下有期徒刑。第一百六十八条规定，国有公司、企业的工作人员，由于严重不负责任或者滥用职权，造成国有公司、企业破产或者严重损失，致使国家利益遭受重大损失的，处三年以下有期徒刑或者拘役；致使国家利益遭受特别重大损失的，处三年以上七年以下有期徒刑。国有事业单位的工作人员有前款行为，致使国家利益遭受重大损失的，依照前款的规定处罚。国有公司、企业、事业单位的工作人员，徇私舞弊，犯前两款罪的，依照第一款的规定从重处罚。第一百六十九条规定，国有公司、企业或者其上级主管部门直接负责的主管人员，徇私舞弊，将国有资产低价折股或者低价出售，致使国家利益遭受重大损失的，处三年以下有期徒刑或者拘役；致使国家利益遭受特别重大损失的，处三年以上七年以下有期徒刑。其他公司、企业直接负责的主管人员，徇私舞弊，将公司、企业资产低价折股或者低价出售，致使公司、企业利益遭受重大损失的，依照前款的规定处罚。

《企业国有资产监督管理暂行条例》（2003年5月27日中华人民共和国国务院令第378号公布 根据2019年3月2日《国务院关于修改部分行政法规的决定》第二次修订）第三十八条规定，国有及国有控股企业的企业负责人滥用职权、玩忽职守，造成企业国有资产损失的，应负赔偿责任，并对其依法给予纪律处分；构成犯罪的，依法追究刑事责任。

国有企业管理人员从业提醒

从业提醒

国家制定一系列国有资产管理法规，目的是保障国有资产安全、防止国有资产流失。负有管理、经营、使用国有资产职责的部门和单位，特别是国有企业，必须依照法规管好用好国有资产，切实维护国家和企业利益。

"造成国有资产损失"的主要表现有：（1）将国有资产落户或者变相落户至私人名下；（2）低价出售、低价折股、无偿处置给其他单位、个人；（3）在其他管理环节上徇私舞弊；（4）未发现国有资产流失或虽发现却不及时制止，堵塞漏洞。违反规定造成国有资产损失的主体，既可以是单位，也可以是个人。主体是单位的，追究单位主要责任者和其他直接责任人员的责任。国有公司的工作人员滥用职权，造成国有公司破产或者严重损失，致使国家利益遭受特别重大损失的行为，还有可能构成国有公司人员滥用职权罪。

国有企业要落实国有资产保值增值责任，依法合规经营，有效防范化解风险，坚决守住防止国有资产流失的底线。

八

相关基础知识

八 相关基础知识

1. 国有企业管理人员的定义

国有企业管理人员,是指国家出资企业中的下列公职人员:一是在国有独资、全资公司、企业中履行组织、领导、管理、监督等职责的人员;二是经党组织或者国家机关,国有独资、全资公司、企业,事业单位提名、推荐、任命、批准等,在国有控股、参股公司及其分支机构中履行组织、领导、管理、监督等职责的人员;三是经国家出资企业中负有管理、监督国有资产职责的组织批准或者研究决定,代表其在国有控股、参股公司及其分支机构中从事组织、领导、管理、监督等工作的人员。国有企业管理人员任免机关、单位对违法的国有企业管理人员给予处分,适用《中华人民共和国公职人员政务处分法》第二章、第三章和《国有企业管理人员处分条例》的规定。

✎ "国有企业管理人员"与"国家出资企业中的国家工作人员"范围一致。国家出资企业是指国家出资的国有独资公司、国有独资企业,以及国有资本控股公司、国有资本参股公司。"履行组织、领导、管理、监督等职责"和"从事组织、领导、管理、监督等工作",主要表现为与职权相联系的公共事务以及监督、管理国有财产的职务活动。

2. 国有企业管理人员任免机关、单位

国有企业管理人员任免机关、单位,是指对国有企业管理人员具有干部管理权限的机关、单位。

✏ 国有企业管理人员任免机关、单位包括履行出资人职责的机构、有干部管理权限的国家机关和事业单位等,国有企业作为任免单位依据干部管理权限任免其内部管理人员。

3. 国有企业管理人员处分工作的原则

国有企业管理人员处分工作坚持中国共产党领导,坚持党管干部原则。给予国有企业管理人员处分,应当坚持公正公平,集体讨论决定;坚持宽严相济,惩戒与教育相结合;坚持法治原则,以事实为根据,以法律为准绳,依法保障国有企业管理人员以及相关人员的合法权益。

✏《国有企业管理人员处分条例》第三条专门强调:"国有企业管理人员处分工作坚持中国共产党的领导,坚持党管干部原则,加强国有企业管理人员队伍建设,推动国有企业高质量发展。"《中国共产党国有企业基层组织工作条例

（试行）》第三十二条第一款规定，各级党委应当把国有企业党的建设纳入整体工作部署和党的建设总体规划，按照管人管党建相统一的原则，健全上下贯通、执行有力的严密体系，形成党委统一领导、党委组织部门牵头抓总、国有资产监管部门党组（党委）具体指导和日常管理、有关部门密切配合、企业党组织履职尽责的工作格局。坚持党管干部原则是国有企业必须坚持的重要原则。

4. 国有企业管理人员处分的基本要求

给予国有企业管理人员处分，应当事实清楚、证据确凿、定性准确、处理恰当、程序合法、手续完备，与其违法行为的性质、情节、危害程度相适应。

✎ "事实清楚"，是指要求处分决定所依据的事实必须查清，即违法行为发生的时间、地点、手段、情节、主客观原因、后果和有关人员的责任等，必须真实、客观、具体、准确。"证据确凿"，是指处分决定或调查结论所依据的违法事实，都有确实、充分的证据加以认定。"定性准确"，是指依法准确认定违法问题性质。"处理恰当"，是指根据违法事实、性质、情节、危害以及违法人员的主观态度、一贯表现等主客观因素，依据国家法律法规规定，给予违法人员恰当的处理。"程序合法"，是指对违法案件调查、处理的过程应当根据法定事由、履行法定程序。"手续完备"，是指对违法案件调查、处理的程序、手续应当做到完备规范，要严格按照《国有企业管理人员处分条例》等规定履行相关手续。

5. 国有企业管理人员处分的种类

给予国有企业管理人员处分的种类共有六种：（一）警告；（二）记过；（三）记大过；（四）降级；（五）撤职；（六）开除。

《中华人民共和国监察法》《中华人民共和国公职人员政务处分法》规定政务处分包括警告、记过、记大过、降级、撤职、开除六类。对国有企业管理人员的处分种类与监察法、公职人员政务处分法的规定保持了一致。通常认为，警告、记过、记大过、降级属于轻处分，撤职、开除属于重处分。

6. 国有企业管理人员处分的期间

国有企业管理人员处分的期间为：（一）警告，6个月；（二）记过，12个月；（三）记大过，18个月；（四）降级、撤职，24个月。

处分决定自作出之日起生效，处分期自处分决定生效之日起计算。

7. 国有企业管理人员合并处分规则

国有企业管理人员同时有两个以上需要给予处分的违法行为的，应当分别确定其处分。应当给予的处分种类不同的，执行其中最重的处分；应当给予撤职以下多个相同种类处分的，可以在一个处分期以上、多个处分期之和以下确定处分期，但是最长不得超过48个月。

✏️ 适用合并处分规则需要同时具备三个条件：一是针对同一名国有企业管理人员；二是该国有企业管理人员有两个以上违法行为，且违法行为是不同性质的，而非数个同一性质的违法行为；三是两个以上违法行为依法均需要给予处分，否则不能纳入合并处分的范围。对于主体是党员且同时有两个以上需要给予处分的违法行为的，须先依据《中国共产党纪律处分条例》第二十四条党纪合并处理运用规则的规定确定党纪处分种类，再确定应当给予的处分种类。

8. 对国有企业管理人员集体作出的决定违法的处理

国有企业实施违法行为或者国有企业管理人员集体作出的决定违法，应当追究法律责任的，对负有责任的领导人员和直接责任人员中的国有企业管理人员给予处分。

✏️ 鉴于国有企业管理人员任免机关、单位不能对实施违法行为的国有企业及其内设机构、不具有法人资格的分支机构给予处分，参照《中华人民共和国刑法》第三十一条关于"单位犯罪的，对单位判处罚金，并对其直接负责的主管人员和其他直接责任人员判处刑罚"的规定，对国有企业实施违法行为或者国有企业管理人员集体作出的决定违法、应当追究法律责任的情形，可以对负有责任的领导人员和直接责任人员中的国有企业管理人员给予处分。

9. 国有企业管理人员共同违法处分规则

国有企业管理人员2人以上共同违法，需要给予处分的，按照各自应当承担的责任，分别给予相应的处分。

✏️ 适用共同违法处分规则，需要具备以下三个条件：一是共同违法的主体是2人以上国有企业管理人员，这是有别于单独违法的本质特征。二是必须有共同故意，既要求共同违法行为人有相同的违法故意，也要求共同违法行为人之间有违法的意思联络。三是共同违法行为人实施了共同行为，不仅各行为人均实行了属于同一违法性质的行为，而且各行为人在共同故意支配下相互配合、相互协调、相互补充，形成一个整体。

10. 可以从轻或者减轻给予处分的规定

国有企业管理人员有下列情形之一的，可以从轻或者减轻给予处分：（一）主动交代本人应当受到处分的违法行为；（二）配合调查，如实说明本人违法事实；（三）检举他人违法行为，经查证属实；（四）主动采取措施，有效避免、挽回损失或者消除不良影响；（五）在共同违法行为中起次要或者辅助作用；（六）主动上交或者退赔违法所得；（七）属于推进国有企业改革中因缺乏经验、先行先试出现的失误错误；（八）法律、法规规定的其他从轻或者减轻情节。

具备上述某一情形的，既可以从轻给予处分，也可以减轻给予处分。究竟是按照从轻抑或减轻给予处分，应当综合考量违法行为的性质、情节、危害、后果、影响和本人态度、一贯表现，以及所在地区、部门、单位政治生态等因素，兼顾与关联案件和同类案件的平衡。

11. 从轻给予处分、减轻给予处分的定义

从轻给予处分，是指在《国有企业管理人员处分条例》规定的违法行为应当受到的处分幅度以内，给予较轻的处分。减轻给予处分，是指在《国有企业管理人员处分条例》规定的违法行为应当受到的处分幅度以外，减轻一档给予处分。

✏️ 从轻给予处分不是在处分幅度内选择最轻的，而是选择其中较轻的处分。

12. 可以免予处分的情形

国有企业管理人员违法行为情节轻微，且具有《国有企业管理人员处分条例》第十一条第一款规定情形之一的，可以对其进行谈话提醒、批评教育、责令检查或者予以诫勉，免予或者不予处分。国有企业管理人员因不明真相被裹挟或者被胁迫参与违法活动，经批评教育后确有悔改表现的，可以减轻、免予或者不予处分。

✏️ 在确定作出免予或者不予处分决定时，国有企业管理人员任免机关、单位，根据违法行为的性质、情节、危害程度，结合悔改表现等情况，综合分析研判后，可以与谈话提醒、批评教育、责令检查或者予以诫勉四种处理方式的选择确定一并考虑，若对其予以诫勉的，一般可以免予处分；若对其予以谈话提醒、批评教育、责令检查的，一般可以不予处分。

13. 应当从重给予处分的规定

国有企业管理人员有下列情形之一的，应当从重给予处分：（一）在处分期内再次故意违法，应当受到处分；（二）阻止他人检举、提供证据；（三）串供或者伪造、隐匿、毁灭证据；（四）包庇同案人员；（五）胁迫、唆使他人实施违法行为；（六）拒不上交或者退赔违法所得；（七）法律、法规规定的其他从重情节。

✎ 上述情形只适用国有企业管理人员中的非党员，如果是党员存在上述情形，要按照《中国共产党纪律处分条例》相应条款给予党纪处分后，再由国有企业管理人员任免机关、单位根据给予的党纪处分相应确定处分种类。

14. 从重给予处分的定义

从重给予处分，是指在《国有企业管理人员处分条例》规定的违法行为应当受到的处分幅度以内，给予较重的处分。

✎ 从重给予处分不是在处分幅度内选择最重的，而是选择其中较重的处分。

15. 国有企业管理人员受处分的法律后果

国有企业管理人员在处分期内，不得晋升职务、岗位等级和职称；其中，被记过、记大过、降级、撤职的，不得晋升薪酬待遇等级。被撤职的，降低职务或者岗位等级，同时降低薪酬待遇。被开除的，用人单位依法解除劳动合同。

✎ 国有企业管理人员受到撤职处分的，在处分期内不得晋升职务、岗位等级和职称，也不得晋升薪酬待遇等级，且还要降低职务或者岗位等级并降低薪酬待遇，也就是说国有企业管理人员受撤职处分后必须降低薪酬待遇，不允许出现国有企业管理人员受撤职处分后薪酬待遇不降反升的情形，以切实保证处分的惩处效果。

16. 对违法取得的财物和利益的处理

国有企业管理人员违法取得的财物和用于违法行为的本人财物，除依法应当由有关机关没收、追缴或者责令退赔的外，应当退还原所有人或者原持有人。国有企业管理人员因违法行为获得的职务、职级、级别、岗位和职员等级、职称、待遇、资格、学历、学位、荣誉、奖励等其他利益，任免机关、单位应当予以纠正或者建议有关机关、单位、组织按规定予以纠正。

🖉 "国有企业管理人员违法取得的财物"，主要是指国有企业管理人员通过违法行为所直接或者间接取得的财物。其中，直接取得的财物，是指通常所说的赃款赃物；间接取得的财物，是指赃款赃物所产生的收益，主要是孳息，也包括"射幸"活动（指偶然碰运气的"侥幸"行为）产生的收益，如用于购买彩票而中奖获得的收益等。

17. 对已退休并在退休前（后）有违法行为的处理

已经退休的国有企业管理人员退休前或者退休后有违法行为应当受到处分的，不再作出处分决定，但是可以对其立案调查；依法应当给予降级、撤职、开除处分的，应当按照规定相应调整其享受的待遇，对其违法取得的财物和用于违法行为的本人财物，除依法应当由有关机关没收、追缴或者责令退赔的外，应当退还原所有人或者原持有人。

✎ 对依法应当给予降级、撤职、开除处分的，国有企业管理人员任免机关、单位应当按照规定相应调整其享受的待遇，作出《关于对×××享受的待遇予以调整处理的决定》；有违法所得应当予以没收、追缴或者责令退赔的，在决定中一并予以写明。

18. 对涉嫌违法的国有企业管理人员进行调查、处理的程序

对涉嫌违法的国有企业管理人员进行调查、处理，应当由2名以上工作人员进行，按照下列程序办理：（一）经任免机关、单位负责人同意，由承办部门对需要调查处理的问题线索进行初步核实；（二）经初步核实，承办部门认为该国有企业管理人员涉嫌违反《中华人民共和国公职人员政务

处分法》和《国有企业管理人员处分条例》规定，需要进一步查证的，经任免机关、单位主要负责人批准同意后立案，书面告知被调查的国有企业管理人员本人（以下称被调查人）及其所在单位，并向有管理权限的监察机关通报；（三）承办部门负责对被调查人的违法行为作进一步调查，收集、查证有关证据材料，向有关单位和人员了解情况，并形成书面调查报告，向任免机关、单位负责人报告，有关单位和个人应当如实提供情况；（四）承办部门将调查认定的事实以及拟给予处分的依据告知被调查人，听取其陈述和申辩，并对其提出的事实、理由和证据进行核实，记录在案，被调查人提出的事实、理由和证据成立的，应予采纳；（五）承办部门经审查提出处理建议，按程序报任免机关、单位领导成员集体讨论，作出对被调查人给予处分、免予处分、不予处分或者撤销案件的决定，并向有管理权限的监察机关通报；（六）任免机关、单位应当自本条第一款第五项决定作出之日起1个月以内，将处分、免予处分、不予处分或者撤销案件的决定以书面形式通知被调查人及其所在单位，并在一定范围内宣布，涉及国家秘密、商业秘密或者个人隐私的，按照国家有关规定办理；（七）承办部门应当将处分有关决定及执行材料归入被调查人本人档案，同时汇集有关材料形成该处分案件的工作档案。严禁以威胁、引诱、欺骗等非法方式收集证据。以非法方式收集的证据不得作为给予处分的依据。不得因被调查人的申辩而加重处分。

✎ 处分决定书中违法事实等部分涉及国家秘密、商业秘密或者个人隐私的，应当采取概括叙写、隐去相关人员姓名等技术处理方式作脱密处理，以切实保障被调查的国有企业管理人员的合法权益。

19. 国有企业领导人员应当任职回避的情形

国有企业领导人员在担任的职务涉及亲属关系时，应当回避。包括：在同一领导班子中任职的；同时在有直接隶属关系的领导班子中任主要领导职务的；一方是领导班子成员，另一方在其分管的部门、企业、驻外机构及工程、投资项目中任领导职务的；企业领导班子主管部门提出需要任职回避的。

✎ 应当回避的亲属关系有：配偶，父母，配偶的父母，子女及其配偶，兄弟姐妹及其配偶、子女，配偶的兄弟姐妹。

20. 监事会的职权

监事会行使下列职权：（一）检查公司财务；（二）对董事、高级管理人员执行职务的行为进行监督，对违反法律、行政法规、公司章程或者股东会决议的董事、高级管理人员提出解任的建议;(三)当董事、高级管理人员的行为损害公司的利益时,要求董事、高级管理人员予以纠正;(四)提议召开临时股东会会议,在董事会不履行《中华人民共和国公司法》规定的召集和主持股东会会议职责时召集和主持股东会会议;(五)向股东会会议提出提案;(六)依照《中华人民共和国公司法》第一百八十九条的规定,对董事、高级管理人员提起诉讼;(七)公司章程规定的其他职权。

监事可以列席董事会会议,并对董事会决议事项提出质询或者建议。监事会发现公司经营情况异常,可以进行调查;必要时,可以聘请会计师事务所等协助其工作,费用由公司承担。

21. 董事会的职权

董事会行使下列职权:(一)召集股东会会议,并向股东会报告工作;(二)执行股东会的决议;(三)决定公司的经营计划和投资方案;(四)制订公司的利润分配方案和弥补亏损方案;(五)制订公司增加或者减少注册资本以及发行公司债券的方案;(六)制订公司合并、分立、解散或者变更公司形式的方案;(七)决定公司内部管理机构的设置;(八)决定聘任或者解聘公司经理及其报酬事项,并根据经理的提名决定聘任或者解聘公司副经理、财务负责人及其报酬事项;(九)制定公司的基本管理制度;(十)公司章程规定或者股东会授予的其他职权。

🖊 公司章程对董事会职权的限制不得对抗善意相对人。规模较小或者股东人数较少的股份有限公司,可以不设董事会,设一名董事,行使董事会的职权。该董事可以兼任公司经理。

22. 国有资产监督管理机构的主要职责

国有资产监督管理机构的主要职责是:(一)依照《中华人民共和国公司法》等法律、法规,对所出资企业履行出资人职责,维护所有者权益;(二)指导推进国有及国有控股企业的改革和重组;(三)依照规定向所出资企业委派监事;(四)依照法定程序对所出资企业的企业负责人进行任免、考核,并根据考核结果对其进行奖惩;(五)通过统计、稽核等方式对企业国有资产的保值增值情况进行监管;(六)履行出资人的其他职责和承办本级政府交办的其他事项。

🖊 除上述职责外,国务院国有资产监督管理机构可以制定企业国有资产监督管理的规章、制度。

23. 国有资产监督管理机构的任免权

国有资产监督管理机构依照有关规定，任免或者建议任免所出资企业的企业负责人：（一）任免国有独资企业的总经理、副总经理、总会计师及其他企业负责人；（二）任免国有独资公司的董事长、副董事长、董事，并向其提出总经理、副总经理、总会计师等的任免建议；（三）依照公司章程，提出向国有控股的公司派出的董事、监事人选，推荐国有控股的公司的董事长、副董事长和监事会主席人选，并向其提出总经理、副总经理、总会计师人选的建议；（四）依照公司章程，提出向国有参股的公司派出的董事、监事人选。

国务院，省、自治区、直辖市人民政府，设区的市、自治州级人民政府，对所出资企业的企业负责人的任免另有规定的，按照有关规定执行。

24. "三重一大"事项的主要范围

"三重一大"事项的主要范围：

重大决策事项，是指依照《中华人民共和国公司法》《中华人民共和国全民所有制工业企业法》《中华人民共和国企业国有资产法》《中华人民共和国商业银行法》《中华人民共和国证券法》《中华人民共和国保险法》以及其他有关法律法规和党内法规规定的应当由股东大会（股东会）、董事会、未设董事会的经理班子、职工代表大会和党委（党组）决定的事项。主要包括企业贯彻执行党和国家的路线方针政策、法律法规和上级重要决定的重大措施，企业发展战略、破产、改制、兼并重组、资产调整、产权转让、对外投资、利益调配、机构调整等方面的重大决策，企业党的建设和安全稳定的重大决策，以及其他重大决策事项。

重要人事任免事项，是指企业直接管理的领导人员以及其他经营管理人员的职务调整事项。主要包括企业中层以上经营管理人员和下属企业、单位领导班子成员的任免、聘用、解除聘用和后备人选的确定，向控股和参股企业委派股东代表，推荐董事会、监事会成员和经理、财务负责人，以及其他重要人事任免事项。

重大项目安排事项，是指对企业资产规模、资本结构、盈利能力以及生产装备、技术状况等产生重要影响的项目的设立和安排。主要包括年度投资计划，融资、担保项目，期权、期货等金融衍生业务，重要设备和技术引进，采购大宗物资和购买服务，重大工程建设项目，以及其他重大项目安排事项。

大额度资金运作事项，是指超过由企业或者履行国有资产出资人职责的机构所规定的企业领导人员有权调动、使用的资金限额的资金调动和使用。主要包括年度预算内大额度资金调动和使用，超预算的资金调动和使用，对外大额捐赠、赞助，以及其他大额度资金运作事项。

✎ 要积极推进以职工代表大会制度为基本形式的厂务公开民主管理工作，把"三重一大"决策制度的执行情况作为厂务公开民主管理的重要内容，除按照国家法律法规和有关政策应当保密的事项外，在适当范围内公开。

25."三重一大"事项决策的基本程序

"三重一大"事项决策的基本程序：（1）"三重一大"事项提交会议集体决策前应当认真调查研究，经过必要的研究论证程序，充分吸收各方面意见。重大投资和工程建设项目，应当事先充分听取有关专家的意见。重要人事任免，应当事先征求国有企业和履行国有资产出资人职责机构的纪检监察机构的意见。研究决定企业改制以及经营管理方面的重大问题、涉及职工切身利益的重大事项、制定重要的规章制度，应当听取企业工会的意见，并通过职工代表大会或者其他形式听取职工群众的意见和建议。（2）决策事项应当提前告知所有参与决策人员，并为所有参与决策人员提供相关材料。必要时，可事先听取反馈意见。（3）党委（党组）、董事会、未设董事会的经理班子应当以会议的形式，对职责权限内的"三重一大"事项作出集体决策。不得以个别征求意见等方式作出决策。紧急情况下由个人或少数人临时决定的,应在事后及时向党委(党组)、董事会或未设董事会的经理班子报告;临时决定人应当对决策情况负责,党委(党组)、董事会或未设董事会的经理班子应当在事后按程序予以追认。经董事会授权,经理班子决策"三重一大"事项的,按照本意见执行。(4)决策会议符合规定人数方可召开。与会人员要充分讨论并分别发表意见,主要负责人应当最后发表结论性意见。会议决定多个事项时,应逐项研究决定。若存在严重分歧,一般应当推迟作出决定。(5)会议决定的事项、过程、参与人及其意见、结论等内容,应当完整、详细记录并存档备查。(6)决策作出后,企业应当及时向履行国有资产出资人职责的机构报告有关决策情况;企业负责人应当按照分工组织实施,并明确落实部门和责任人。参与决策的个人对集体决策有不同意见,可以保留或者向上级反映,但在没有作出新的决策前,不得擅自变更或者拒绝执行。如遇特殊情况需对决策内容作重大调整,应当重新按规定履行决策程序。(7)董事会、未设董事会的经理班子研究"三重一大"事项时,应事先与党委(党组)沟通,听取党委(党组)的意见。进入董事会、未设董事会的经理班子的党委(党组)成员,应当贯彻党组织的意见或决定。企业党组织要团结带领全体党员和广大职工群众，推动决策的实施，并对实施中发现的与党和国家方针政策、法律法规不符或脱离实际的情况及时提出意见，如得不到纠正，应当向上级反映。（8）建立"三重一大"事项决策的回避制度；建立对决策的考核评价和后评估制度，逐步健全决策失误纠错改正机制和责任追究制度。

✎ 国有企业应当健全议事规则，明确"三重一大"事项的决策规则和程序，完善群众参与、专家咨询和集体决策相结合的决策机制。国有企业党委（党组）、董事会、未设董事会的经理班子等决策机构要依据各自的职责、权限和议事规则，集体讨论决定"三重一大"事项，防止个人或少数人专断。

26. 国有企业工资内外收入的监督主体

根据《国有企业工资内外收入监督管理规定》，各级人力资源社会保障部门会同财政、国资监管等部门负责对国有企业工资内外收入情况实施监督检查等监督管理工作，及时查处工资分配违规行为。各级履行出资人职责机构或其他企业主管部门依据监管职责负责对所监管企业工资分配执行情况加强监督，对违规问题督促整改。

✎ 工资内外收入具体包括工资、奖金、津贴、补贴、加班加点工资、特殊情况下支付的工资以及其他工资性收入、福利等。

27. 国有企业负责人薪酬分配监督管理事项

根据《国有企业工资内外收入监督管理规定》，国有企业负责人薪酬分配监督管理事项包括：（1）企业负责人纳入国有企业负责人薪酬制度改革范围情况；（2）企业负责人薪酬管理制度制定情况；（3）企业负责人薪酬结构、水平和发放情况；（4）企业负责人的年度和任期考核评价情况及考核结果与薪酬分配挂钩情况；（5）企业负责人领取津补贴、奖励、福利性待遇和以现金形式发放的履职待遇等情况；（6）离任企业负责人领取薪酬情况；（7）企业负责人薪酬列支情况；（8）企业负责人薪酬信息披露情况；（9）企业负责人薪金所得税代扣代缴情况；（10）其他应纳入监督管理的事项。

✎ 对组织任命管理企业负责人和非组织任命管理企业负责人，薪酬分配的监督管理按照相应适用的政策开展。

28. 国有企业职工工资福利待遇监督管理事项

根据《国有企业工资内外收入监督管理规定》，国有企业职工工资福利待遇监督管理事项包括：（1）企业纳入国有企业工资决定机制改革范围情况；（2）国家工资分配宏观指导调控政策和要求执行情况；（3）企业内部工资分配、福利管理等制度制定情况；（4）工资总额预算编制、清算、计提和发放等情况；（5）津补贴、奖金、福利等管理情况；（6）工资总额信息披露情况；（7）工资内外收入列支情况；（8）工资薪金所得税代扣代缴情况；（9）其他应纳入监督管理的事项。

✎ 人力资源社会保障部门会同财政、国资监管等部门原则上每年应选取一定数量国有企业对其工资内外收入情况进行综合检查。履行出资人职责机构和企业应配合做好监督检查工作，按要求提供企业名单及相关信息。人力资源社会保障部门会同财政、国资监管部门确定被检查企业时，应加强与巡视巡察、审计等部门和机构的沟通，原则上同一对象在同一年度内已接受巡视巡察、审计的，不再确定为被检查对象。

29. 对国有企业工资内外收入违规问题的处理措施

根据《国有企业工资内外收入监督管理规定》，对国有企业工资内外收入违规问题的处理措施包括：（1）责令改正；（2）追回违规所得；（3）经济处罚；（4）约谈；（5）通报；（6）移送有关部门处理。

✎ 对同一违规问题的处理，可以并用多种处理措施。对同一次监督检查中同一责任人出现多个违规问题给予经济处罚的，按照处罚的最高标准执行。